LA SCIENCE HORRIBLE

Nick Arnold
Tony de Saulles

Traduit de l'anglais par
Évelyne et Alain Bouquet

Éditions
Le Pommier

Ce livre a été écrit pour TOI, lecteur...

Si tu as l'impression que la science c'est un vieux livre fermé
Alors ouvre ces pages et jettes-y un œil
Lis chaque mot et tu seras sûr de devenir
Un horrible scientifique – tout comme moi !
Nick Arnold

Merci à toute l'équipe de créatifs :
les éditeurs, Lisa Edwards et Jill Sawyer
et la graphiste, Michelle Strong
– ils sont vraiment des gens *Horribles*.
Tony De Saulles

Publié par Scholastic Ltd en 2005
sous le titre original : *Horrible Science, The Stunning Science of Everything*

Ouvrage imprimé à Singapour

Relecture : Valérie Gautheron
Lettrage : Julien Meyrat

ISBN : 978-2-7465-0336-6
Numéro éditeur : 090336-02

Le Pommier
239, rue Saint Jacques
75005 Paris
www.editions-lepommier.fr

SOMMAIRE

LE DÉLIRANT DÉBUT

La science parle de tout. Elle parle…

DES ASTRES ET DES ARAIGNEES… DES LAPINS ET DES FUSEES… DE LA PLANETE VENUS…

Et il y en a des choses à dire ! Et c'est justement le problème… Il y a beaucoup trop de science ! Beaucoup trop à apprendre, beaucoup trop à retenir ! Comment une personne normale pourrait-elle s'y retrouver ? Eh bien, tu peux essayer de construire un ordinateur surpuissant, de le programmer avec tous les faits scientifiques de l'Univers puis le brancher sur ton cerveau. Mais cela pourrait avoir des effets secondaires déplaisants…

Ou bien tu peux lire ce livre… La *Science Horrible* aborde la science sous un angle neuf. J'ai appelé cela « le tri par taille » : on va observer chaque chose par ordre de grandeur. Ainsi, le chapitre 1 commence par la première seconde de l'univers, lorsque celui-ci était le plus petit objet qui ait jamais existé. Les sujets deviennent ensuite de plus en plus gros, de plus en plus GROS, jusqu'à ce qu'on arrive à la GRANDE IMAGE DU TOUT et l'ensemble de la science prend alors tout son sens ! La grande image se trouve tout à la fin, mais ne va pas la regarder en cachette avant d'avoir lu le reste de ce livre !

Nous allons explorer la science du tout avec l'aide d'un panel de personnages cinglés taillés sur mesure !

Le casting des personnages délirants de la Science Horrible

Et comme ce livre traite de Science Horrible, chaque page suinte de détails horriblement drôles qui provoqueront chez toi hoquets et gloussements. Mais ce n'est pas tout. Comme il s'agit également d'un livre particulièrement chic, il est imprimé dans des couleurs somptueusement sanglantes de sorte que tu pourras non seulement lire les passages saignants mais encore les *voir* ! Mais ne me crois pas sur parole, tourne simplement la page pour découvrir comment tout a commencé, et découvre que tu es en réalité aussi vieux que ta grand-mère…

LE BOULEVERSANT BIG BANG

Tout a commencé avec le big bang. C'est ainsi que les scientifiques décrivent le moment où l'Univers a jailli du néant, il y a 13,7 milliards d'années. Mais à quoi ressemblait le néant ? Eh bien, voici une étonnante expérience qui t'indiquera la réponse...

Une expérience de pensée est une expérience que les scientifiques imaginent dans leurs têtes. Tout ce qu'il te faut c'est...

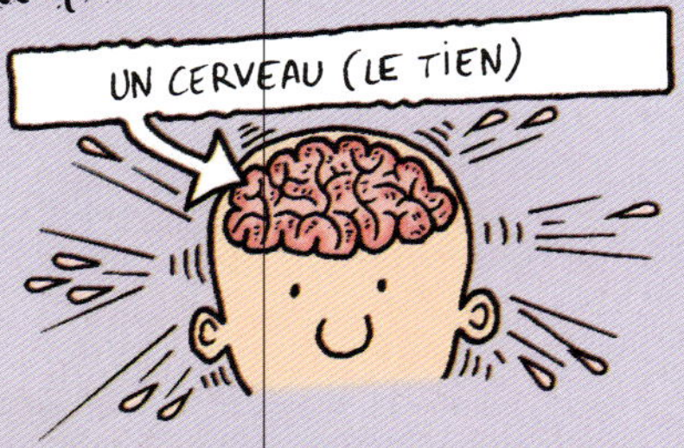

ATTENTION ! Ces expériences ne provoquent aucun désordre, je te le garantis, mais ne pense pas trop fort, sinon ton cerveau sortira par tes oreilles...

Étonnante expérience de pensée : beaucoup de bruit pour rien...

Imagine que tu sois une magicienne et que tu fasses disparaître Monsieur Peluche. Oui, c'est cela ! Tu le glisses dans un chapeau haut de forme, tu agites ta baguette magique, et ABRACADABRA, presto : le chapeau est vide ! il n'y a rien dedans !

Imagine maintenant un tour plus difficile. Cette fois, tu glisses l'Univers dans ton chapeau et tu le fais disparaître !

WOUAHOU ! Maintenant, il n'y a RIEN autour de toi ! Il n'y a pas de lumière et pas d'obscurité, pas d'espace et pas de temps. En fait, il n'y a rien du tout, c'est le néant. Hé ! un instant ! Il n'y a pas d'air à respirer, alors tu ferais mieux de ramener très vite l'Univers !

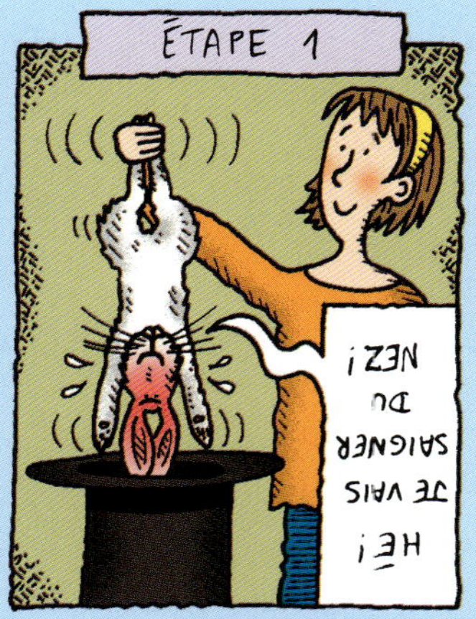

Le néant était quelque peu angoissant, non ? Je parie que tu n'y passerais pas tes vacances... Mais avant l'univers, c'était vraiment le néant.

ATTENTION ! Tu ne dois JAMAIS poser cette question à un scientifique ! Si tu le fais, il risque de bafouiller et d'avoir de la bave au coin des lèvres ou, pire encore, de commencer à marmonner des choses au sujet de particules virtuelles dans l'écume quantique et de choses se déroulant dans d'autres dimensions… En vérité, personne n'est trop sûr de la *cause* du big bang. Tout ce que je peux dire, c'est que le big bang aurait fait la une des journaux – s'il y avait eu des journaux pour en parler…

CHRONIQUES COSMIQUES

GAGNEZ DES VACANCES DANS L'ESPACE !

13,7 billion d'années avant J. C.

EXCLUSIF !

Aussi, dans ce numéro...

L'univers – ce qu'il signifie pour vous !
L'espace – quelle importance ?

L'UNIVERS EST NÉ !

Le temps et l'espace ont commencé ce matin par un big bang. Un témoin déclare : « Il est sorti du néant. À un moment il n'était pas là, l'instant d'après, il était là ! Ça m'a fait un sale choc, je peux vous le dire ! Une chose pareille, ça ne devrait pas être permis. Surtout que ça dégageait des milliards de degrés, et maintenant je suis un peu cuit. »

Note de la rédaction
Rien de semblable à l'Univers n'est arrivé auparavant. En fait, rien n'est jamais arrivé auparavant. C'est peut être le début de quelque chose d'ÉNORME !

À vrai dire, le big bang n'était pas un bang du tout. Il n'y avait pas d'air pour transmettre les sons, alors il a fait moins de bruit que le ronflement de ton père. Oh, mon petit, j'espère que tu n'es pas trop déçu…

LA TOUTE PREMIÈRE SECONDE

La toute première seconde de l'existence a été une période très active pour l'Univers. Au cours de cet instant essentiel, le tout jeune Univers est passé d'un point minuscule à une boule de feu de plusieurs milliards de kilomètres de diamètre.

Des excuses embarrassées de l'auteur...
AÏE! désolé cher lecteur, il y a eu un dysfonctionnement majeur dans le classement par taille! Ce chapitre doit parler du plus minuscule objet ayant jamais existé, mais il est soudain devenu **ÉTONNAMMENT GRAND!**

Pourquoi la matière, ça compte...

Dans cette frénétique seconde, s'est formée la matière qui constitue l'Univers. C'est pour cela que je disais que tu es aussi vieux que ta grand-mère, parce que la matière qui vous constitue a exactement le même âge.

Les scientifiques pensent que la matière s'est formée à partir de l'énergie, aussi avons-nous envoyé dans le passé les miniscientifiques pour vérifier.

Les miniscientifiques commencent par un… BANG!

L'idée de fabriquer de la matière à partir d'énergie peut sembler étrange, mais cela arrive. Des explosions réellement GIGANTESQUES fabriquent de minuscules quantités de matière nouvelle et les étoiles brillent en transformant de la matière en énergie (comme tu le verras plus loin). Bien sûr, la personne qui a conçu tout cela devait être une superstar scientifique.

Le génial Albert disait qu'il était surpris que l'école ne détruise pas l'esprit de curiosité des enfants. Il n'est pas étonnant qu'il ait été mis à la porte de l'école et qu'il ait raté ses examens au collège.

Échouer aux examens ne fait pas de vous un génie, mais Einstein était un authentique génie, car il conçut en 1905 la théorie de la relativité restreinte. Cette découverte remarquable montre comment l'énergie et la matière peuvent être transformées l'une en l'autre. Et comme si cela n'était pas assez extraordinaire, dix ans plus tard Albert présenta la théorie de la relativité générale pour expliquer comment la gravité fonctionne dans l'univers. Pas si mal pour un raté de l'école !

MYSTÉRIEUSES HISTOIRES SUR LA MATIÈRE

1. La matière est comme une crème glacée. La crème glacée est de la crème gelée et la matière est de l'énergie gelée.

2. Tu as besoin d'immenses quantités d'énergie pour fabriquer une quantité ridicule de matière. Par exemple, il faudrait que tu fasses exploser un million des plus puissantes bombes pour fabriquer assez de matière pour une noisette. Et je pense que ce serait une noisette grillée !

3. Il y a beaucoup d'énergie emprisonnée dans la matière. Si la matière d'un bébé était convertie en énergie, elle pourrait faire fonctionner une centrale pendant toute une année.

C'est ainsi que toute la matière qui vous constitue, toi, ta grand-mère, la Terre et tout le reste (y compris le bancalplouc mauve de la planète Tremblante) a été formée au cours d'une surprenante seconde, il y a 13,7 milliards d'années.

Mais ce n'est pas tout. Au cours de cette première seconde si décisive, les forces qui contrôlent l'Univers sont apparues. Elles sont si vitales que… Oh ! zut ! Je n'ai plus de place ! Pour découvrir les forces, tu devras *forcer* tes doigts à tourner la page.

* ALORS J'AI LE MÊME ÂGE QUE TA GRAND-MÈRE ? C'EST PLOUC-ASTIQUE !
** MAIS AU FAIT, C'EST QUOI UNE GRAND-MÈRE ?

EFFROYABLES FORCES

Comme je le disais, les forces maintiennent tout ensemble, des étoiles aux plus minuscules fragments de matière. Si tu es déjà tombé par terre, c'est à cause des forces!

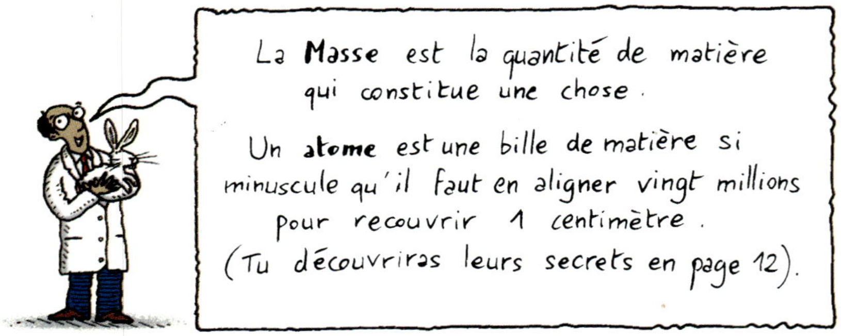

T'as tout pigé? Bravo! Les miniscientifiques et Monsieur Peluche sont maintenant de retour dans le présent et ils ont rétréci à la taille des atomes pour te montrer comment fonctionnent les forces.

Les miniscientifiques rencontrent... les forces!

*ET SI TU VEUX EN SAVOIR PLUS SUR LA LUMIÈRE, RENDS-TOI DONC À LA BRILLANTE PAGE 18 !

TROIS FAITS FATALS SUR LA FORCE POUR FASCINER TA FAMILLE

1. La force forte a reçu son nom parce qu'elle est… eh bien, forte. Pour être exact, elle est cent milliards de milliards de milliards de milliards de fois plus forte que la gravité. Heureusement la force forte ne s'exerce que dans les atomes, sinon nous serions tous collés les uns aux autres.

2. Et, tiens-toi bien, la force faible est réellement plus faible que la force forte ! Cependant elle est quand même dix millions de milliards de milliards de fois plus forte que la gravité.

3. L'attraction que la gravité de la Terre exerce sur toi est soixante-dix-huit mille milliards de milliards de fois plus forte que ton attraction sur la Terre. C'est pour cela que tu n'attires pas la Terre vers toi quand tu fais des pompes. Le premier savant à avoir expliqué la gravité était bien sûr un savant vraiment sagace…

Isaac Newton doit être le plus savant de tous les cerveaux. Il était si intelligent qu'il oubliait souvent de se lever le matin, et il restait dans son lit plongé dans de profondes pensées scientifiques. Ne te fais pas d'idées : cette excuse ne marchera PAS pour toi un lundi matin !

Parmi d'autres choses, Newton a établi une formule mathématique pour la gravité, qui montre que :

- plus un objet a de masse et plus sa gravité est forte.
- si tu doubles la distance d'un objet, sa gravité devient quatre fois plus faible.

Il avait tout à fait raison, mais le plus étonnant est que Newton avait trouvé tout cela vingt ans avant d'en parler à quiconque. Quand on lui en parla, il avait égaré ses calculs. Heureusement, il les refit dans un livre brillant, plein de maths que seuls d'autres savants sagaces peuvent comprendre.

Nous commençons maintenant à nous familiariser avec les atomes et à être proches d'eux. Cela fait partie du plan. Tu vois, le prochain chapitre leur est consacré, mais je viens juste d'apprendre que les miniscientifiques ont un minuscule problème…

ÉTONNANTS ATOMES

Bien que les atomes soient manifestement méga-minuscules, ils sont quand même plus gros que l'univers à ses débuts. Dans ce chapitre crucial, nous allons jeter un minuscule coup d'œil à l'intérieur d'un atome, et tu pourras en essayer toi-même la recette (tout ce dont tu auras besoin est d'une poêle carrément minuscule !)

Pourrais-tu être un savant sensationnel ?

VRAI ou FAUX ? (Les réponses sont à la page 13.)

1. Si le noyau était une bouse d'éléphant, les électrons seraient des mouches bourdonnant à plusieurs mètres de distance.

2. Ton corps est essentiellement composé de vide.

3. Le courant électrique qui fait marcher ton lecteur de CD est constitué de neutrons.

4. Sans la force électromagnétique, tu ne serais qu'une flaque visqueuse.

5. Grâce à la force électromagnétique, tes fesses flottent au-dessus d'une chaise.

Un bout de science compliquée

C'est vrai, tes fesses flottent ! La force électromagnétique attire les électrons vers les protons, mais elle oblige les électrons à se repousser. Regarde ce qui se passe quand deux électrons foncent l'un vers l'autre…

Et c'est pour ça que tes fesses flottent : elles repoussent la chaise grâce à leurs électrons. C'est pareil sur un siège de WC ou si tu essaies de toucher quelque chose : tout ce que tu peux ressentir, c'est la force des électrons antisociaux qui se repoussent mutuellement. Bien entendu, les distances sont tellement minuscules qu'il n'est pas étonnant que tu aies l'impression d'entrer en contact.

Et maintenant que tu en sais un peu plus sur les impressionnants atomes, je parie que tu brûles d'impatience d'appliquer ta recette pour fabriquer les tiens ! Tourne la page pour découvrir une cuisine cinglée, mais prends garde : tu peux faire sauter la planète !

Le savais-tu ?

Si les atomes ne se repoussaient pas, ils se traverseraient. Après tout, ils sont essentiellement formés de vide. Et cela voudrait dire que tu pourrais traverser les murs comme un fantôme.

Réponses :

1. FAUX : Les électrons seraient à plusieurs KILOMÈTRES et seraient plus petits que des mouches.

2. VRAI : Tout ton corps est formé d'atomes, et chacun d'eux est essentiellement constitué de vide.

3. FAUX : Il est formé avec des électrons se déplaçant sur un fil. Cela peut te causer un choc, mais ne va pas jouer avec !

4. VRAI : Sans la fantastique force, les électrons de ton corps s'en iraient et tes atomes se désintégreraient. Alors tu ne serais pas simplement *dans* le potage, tu serais *le* potage !

5. VRAI : Et cette page te raconte justement la science compliquée qui va avec…

COMMENT CUISINER TES PROPRES ATOMES

Tu meurs d'envie de savoir comment se sont formés les atomes ? Eh bien, tu es arrivé au bon endroit ! Les atomes se sont formés au cours du big bang et dans les étoiles géantes, nous allons tenter de préparer les nôtres.

Les **Quarks** sont des fragments fantastiquement fins de matière qui composent les protons et les neutrons. Ils se présentent en six variétés :

Un **élément** est un type d'atome. Il existe 95 éléments naturels. Chaque élément a un nombre donné de protons.

Livre de recettes cosmiques de la science horrible

Recette 1 : Atomes d'hydrogène à la big bang

Ce simple petit atome te fournira un en-cas agréable à toute heure de la journée, si tu parviens à te rappeler où tu l'as rangé !

De quoi as-tu besoin ?
Un mortier, une poêle méga-minuscule, une cuillère et un petit univers chaud

Ingrédients :
1 quark Haut,
2 quarks Bas,
1 électron,
Sel et poivre

Méthode :
1. Préchauffe ton univers à dix milliards de degrés et amorce un big bang.
2. Ajoute les quarks et mélange bien.
3. Fais cuire les quarks pendant une brève seconde jusqu'à ce que la force forte les colle ensemble pour former un proton. Attention, si tu mélanges deux quarks Haut et un quark Bas, tu vas fabriquer un neutron par erreur !
4. Refroidis lentement pendant 380 000 ans, ajoute un électron et assaisonne à volonté avec les autres ingrédients.

Félicitations ! Tu viens juste de fabriquer un atome d'hydrogène !

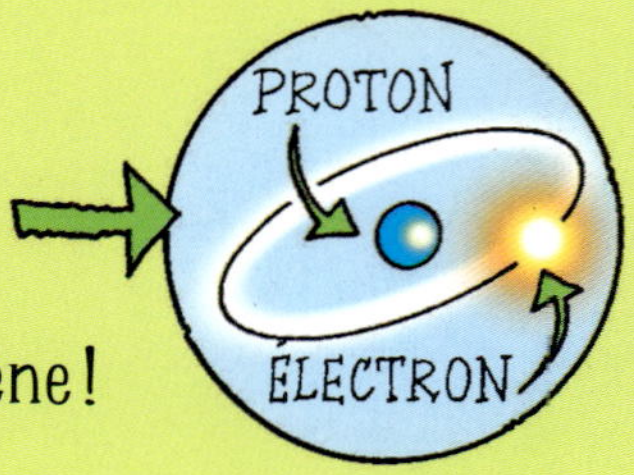

Le big bang fut une sacrée réussite, mais il y avait un problème. À ce stade, trois éléments seulement s'étaient formés : l'hydrogène, l'hélium et une pincée de lithium. Mais d'autres éléments étaient nécessaires à la naissance de la vie et, heureusement pour nous, deux cents millions d'années plus tard, les étoiles géantes les engendrèrent en explosant…

Livre de recettes cosmiques de la science horrible

Recette 2 : Festin d'éléments

Impressionne tes invités de marque en leur présentant un succulent menu d'atomes ! Et qui plus est, cela ne te coûtera pas la Terre… Euh… enfin si ! (Voir l'étape 4.)

De quoi as-tu besoin ?
Un mortier, une poêle méga-minuscule, une cuillère et une étoile géante qui explose

Ingrédients :
De l'hydrogène
Du ketchup

Méthode :

1. Préchauffe ton étoile. Les étoiles compriment les protons de l'hydrogène pour fabriquer de l'hélium. Une partie de la matière est convertie en chaleur et en énergie. (ATTENTION : cela garde ta maison confortablement au chaud, mais cela peut aussi la réduire en cendres.)
2. Utilise tout l'hydrogène et chauffe ton étoile à 50 milliards de degrés. Cela te prendra à peu près 11 millions d'années.
3. Détends-toi pendant que la gravité de ton étoile comprime l'hélium pour former de nouveaux éléments comme le carbone, l'oxygène ou l'azote.
4. Dans 11 012 017 années, l'étoile explosera et détruira la Terre. Mais tu peux inviter tes amis à assister à ce super feu d'artifice !

Tu as compris l'idée ? La plupart des atomes de ton corps proviennent d'étoiles qui ont explosé des milliards d'années avant ta naissance. Et cela veut dire que tu es vraiment de qualité quatre étoiles !

ÉPOUVANTABLES ÉLÉMENTS

Chaque élément est différent, mais puisqu'il s'agit ici d'un livre traitant de Science Horrible, nous allons aborder quelques-uns des épouvantables éléments que tu ne souhaiterais certainement pas trouver dans ton dîner… Et où pourrions-nous trouver d'épouvantables éléments, sinon dans le carnet d'un véritable chimiste cinglé ?

MON DIABOLIQUE CARNET SECRET

Par le comte Orlando Vomito

1 ÉLÉMENTS

Pendant des années, j'ai recherché les éléments les plus épouvantables et je les ai testés sur tous ceux qui sont venus dîner. Et je suis heureux de dire que nombre de ces éléments sont toxiques…

Je me demande ce qui se passerait si je donnais à quelqu'un un mélange de ces quatre poisons. Se mettrait-il à cracher follement un vomi lumineux de ses gencives bleues ? Hum, cela me donne une idée pour une expérience particulièrement épouvantable !

2 GAZ TERRIBLES

Et puis il y a les gaz. Certains éléments constituent de parfaits poisons, juste ce qu'il faut pour épicer mes célèbres dîners mortels. Par exemple, cet odorant gaz vert, le chlore… Il dissout les membranes des poumons, ce qui empêche la victime de respirer : un spectacle à couper le souffle !

3 RADIOACTIVITÉ RAVAGEUSE

Si j'étais vraiment épouvantable,
j'essaierais de fabriquer des poisons radioactifs. Tout ce que j'aurais à faire, c'est de bombarder de neutrons un noyau d'un élément radioactif comme l'uranium. Les fragments du noyau bombarderaient des noyaux voisins et tout cela deviendrait incontrôlé et causerait une explosion atomique avec force rayons X et rayons gamma mortels ! Cela ferait sûrement de ma prochaine soirée un vrai boum !

De quoi, de quoi ? Tu penses que ce serait vraiment cool de briser un atome chez toi ?! N'Y PENSE MÊME PAS ! Faire sauter une bombe atomique dans ta chambre est une activité tout à fait antisociale, tu es sûr d'aplatir ta ville et de secouer les nerfs de ton hamster. Et, pire encore, tu devras nettoyer les dégâts et payer les dommages avec ton argent de poche. Hum… il vaut peut-être mieux clore ce dingue et délirant sujet par quelques…

FAITS EXTRAORDINAIRES SUR LES ÉLÉMENTS

1. *L'élément tantale porte le nom de Tantale, personnage de la mythologie grecque qui fut torturé aux Enfers en étant obligé de rester dans l'eau jusqu'au cou sans pouvoir en boire.*

2. *L'élément francium est si rare qu'il n'y a peut-être que vingt atomes de francium sur toute la Terre (il y en a dix-neuf autres cachés dans ce livre, alors garde l'œil ouvert).*

3. *L'élément le plus courant sur la Terre est l'oxygène. Nous avons besoin d'en respirer pour vivre. Le deuxième élément le plus fréquent est le silicium, mais il est complètement inutile pour nos corps : il est donc inutile de mâchonner un sandwich au silicium.*

4. *Notre corps est pour l'essentiel formé de trois éléments : 63 % de vos atomes sont de l'hydrogène, 25,5 % sont de l'oxygène et 9,5 % sont du carbone.*

Le savais-tu ?
Ton corps a besoin d'un peu de potassium et de sodium pour que tes nerfs fonctionnent correctement, et tu as aussi un soupçon de soufre venu des volcans.

Mais où que l'on trouve des atomes, au bout de ton nez ou au bout de l'œil gauche du bancalplouc mauve, ils ont tous quelque chose en commun. Ils sont responsables de la force électromagnétique, et cela signifie qu'ils te permettent de voir la télévision. Prends le canal de la page prochaine pour comprendre de quoi je parle.

LUMIÈRE LÉTALE ET REDOUTABLES RAYONS

Résumé de l'histoire jusqu'ici… La force électromagnétique soude les atomes entre eux et permet à tes fesses de flotter au-dessus de ta chaise. Ces deux pages parlent des autres choses que cette force fait pour nous.

L'explication simple

Imagine la force électromagnétique sous la forme d'un rayon d'énergie. Si tu augmentes l'énergie du rayon, il peut devenir un signal de télévision, de la lumière, un rayon X, ou bien des choses bien plus intéressantes. Essayons donc une expérience étonnamment horrible pour montrer ce que peut faire cette force fantastique…

L'ÉPOUVANTABLE EXPÉRIENCE DE LA MOMIE

Pfiou… Tu sens cela, cher lecteur ? La momie a été brûlée. Ou, dirait un savant, certains des atomes de la momie se sont associés aux atomes d'oxygène de l'air pour former de nouvelles substances. C'est de la chimie, c'est fou, et il y en a encore plus dans le prochain chapitre…

CHAOS CHIMIQUE CINGLÉ

Les atomes ne sont pas très amicaux. La plupart du temps, ils rebondissent juste les uns sur les autres, mais de temps en temps, ils s'accrochent les uns aux autres, et c'est alors que se forme une nouvelle substance.

Et grâce à ce fragment de jargon scientifique, les faits suivants devraient prendre tout leur sens spectaculaire… Espérons-le en tout cas.

FICHE DE SCIENCE SENSATIONNELLE
Nom : Les mondanités des atomes

LES FAITS DE BASE

1. Les atomes se lient de différentes manières : par exemple, ils peuvent partager leurs électrons. Les règles de liaison sont horriblement complexes, mais elles dépendent pour l'essentiel du nombre d'électrons que possède un atome.
2. La chaleur accélère les réactions. Mais trop de chaleur brise les molécules.

DÉTAIL EXPLOSIF :

Se mettre en état

Pour ajouter au chaos, les atomes et les molécules sont toujours dans un état… Mais non ! je ne veux pas dire qu'ils sont bouleversés ou épuisés. Les états de la matière comprennent les solides, les liquides, les gaz et les plasmas. Tout dépend à quel point la substance est *chaude*…

Hum… Je sens planer ici comme une équivoque ! Je vais te dire ce qu'on va faire : retourner dans le laboratoire de la Science Horrible pour voir tout cela en action. Les miniscientifiques sont désormais de retour à leur taille normale et ils sont bien contents de boire une tasse de café bien méritée, pendant que Monsieur Peluche ronfle paisiblement. Ils n'imaginent pas que nous allons justement utiliser leur café (actuellement sous forme liquide) pour te montrer comment la chaleur provoque un changement d'état dans une substance…

Nous commençons par glacer le café : les molécules s'assemblent sous une forme solide, que nous appelons la glace. C'est impossible à boire…

Nous chauffons le second café jusqu'à en faire une sorte de gaz que nous appelons la vapeur : les molécules s'éloignent les unes des autres. Bien entendu, tu ne peux pas boire un gaz…

Nous allons faire du troisième café un plasma, autrement dit un gaz tellement chaud que les électrons sont arrachés des atomes.

Le savais-tu ?

1. *Dans beaucoup de solides, les atomes s'assemblent en formes élégantes qu'on appelle des « cristaux ». Dans l'eau solide, les cristaux de glace se disposent pour constituer les élégantes formes des flocons de neige que tu peux glisser dans le cou de ta sœur (dans l'intérêt de la recherche scientifique, bien évidemment).*

2. *Les diamants sont des cristaux formés par des atomes de carbone. Ces cristaux sont incroyablement durs, mais les savants admettent qu'ils perdent leur forme au bout de plusieurs milliards d'années. Hum ! rien de tel qu'un savant pour démontrer que les diamants NE SONT PAS éternels !*

Bêêh ! qu'est-ce que ça sent ? Oh non ! Ce sont les gaz suffocants qui fuient de la page suivante !

GAZ SUFFOCANTS

Bienvenue sur deux pages de faits suffocants sur les gaz, euh… je veux dire de faits sur les gaz suffocants ! Nous allons respirer d'odorantes substances et découvrir que tu respires le souffle des morts. Mais commençons par un peu de cuisine cosmique…

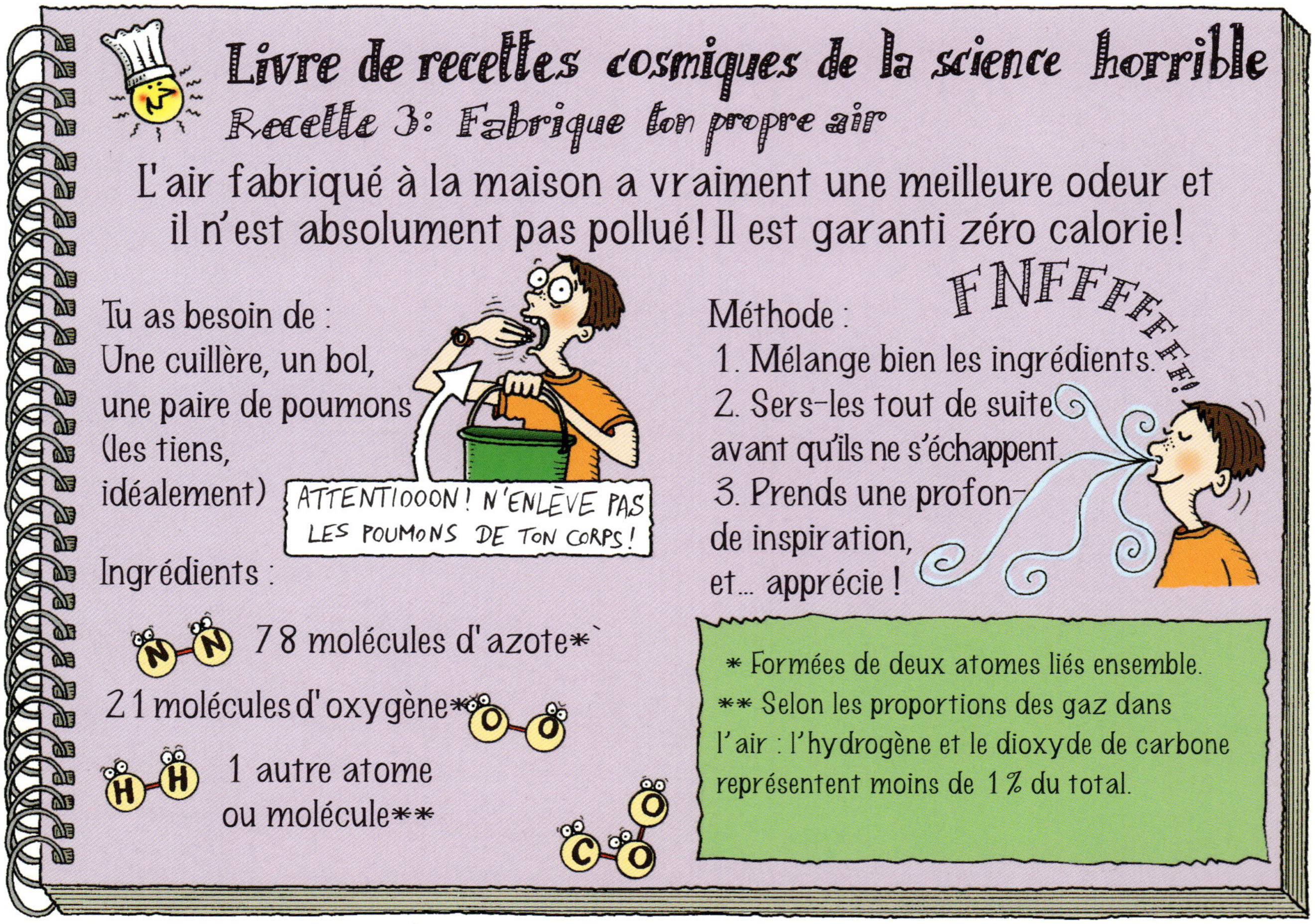

Approchons-nous de très près, vraiment de très près, d'un échantillon d'air, grâce à notre microscope super cher…

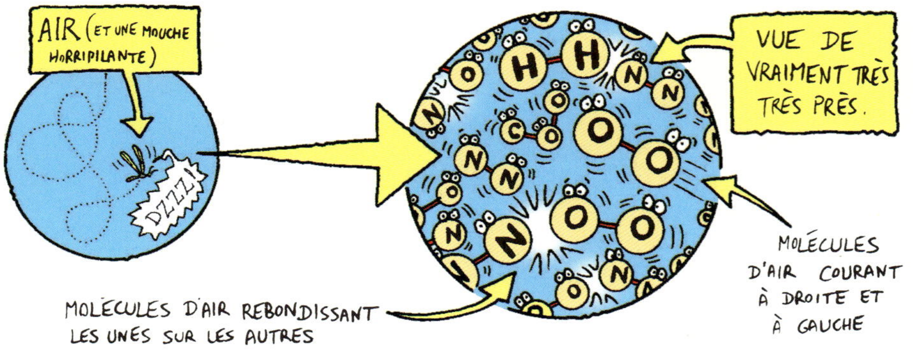

Cela semble complètement dingue ! Mais tu resteras sans doute bouche bée si je te dis que l'intérieur de tes poumons ressemble à cela chaque fois que tu aspires un peu d'air. Et maintenant lisons un autre de nos faits à couper le souffle…

Le savais-tu ?

Une même molécule d'oxygène peut être respirée par des centaines de personnes et d'animaux. Il est en fait admis qu'à chacune de tes inspirations, tu aspires une molécule échappée du dernier souffle d'Albert Einstein (et de tout le monde, y compris d'un dinosaure hoquetant, voir p. 60).

Passons maintenant à une molécule d'un gaz que tu n'aimes pas respirer...

Le méthane malpropre

Le méthane est une molécule formée d'un atome de carbone et de quatre d'hydrogène : les chimistes l'appelle CH_4. En pratique, cette molécule est fabriquée par des bactéries qui décomposent les plantes dans les marais et dans les intestins des animaux et des humains. Et c'est ce méthane qui sort dans les pets.

MÉTHANE – LE BON, LE MOCHE ET LE TRISTE

Le bon : Ta cuisinière à gaz brûle probablement du méthane. En fait, si tu as un problème intestinal digne d'un dinosaure, tu peux transformer tes toilettes en cuisinière.

Le moche : Les vaches produisent plus de méthane que nous. Les savants estiment qu'une vache émet chaque jour près de 200 grammes de méthane dans ses pets. Pour toutes les vaches du monde, cela fait plus de cent millions de tonnes par an.

Le triste : C'est une triste nouvelle pour le monde. Le méthane et d'autres gaz comme le dioxyde de carbone (qu'on appelle aussi « gaz carbonique ») emprisonnent la chaleur dans l'atmosphère de la Terre (l'air qui entoure la planète). En devenant plus chaude, la Terre voit à l'occasion son climat changer de manière violente, avec des tempêtes et des inondations et des sécheresses et une température terriblement élevée. Les savants appellent cela l'« effet de serre » (mais cela n'a rien à voir avec la serre vitrée au fond de ton jardin).

EAU ÉTRANGE ET LIQUIDES LUNATIQUES

Nous avons été farouches et tempêtueux, il est temps de nous couler dans les liquides. En fait n'importe quel élément est liquide – à la bonne température. Et pour vous le prouver, voici quelques liquides sur lesquels tu ne voudrais pas canoter...

FER LIQUIDE
Température : 1 535 °C
Note : Si tu y plonges ton orteil, tu n'auras plus d'orteil ensuite. Ce ne serait vraiment pas le pied, si j'ose dire !

HELIUM LIQUIDE
Température : – 272 °C
Note : C'est un liquide très bizarre qui remonte sur les bords de la baignoire. Plonges-y un doigt, et il risque de se casser. Tu ne serais pas mis à l'index, mais tu te mordrais les doigts d'avoir eu cette idée. (Note de l'éditeur : C'est pas fini, ces jeux de mots vaseux ?)

L'eau et ses étonnantes propriétés

Mais, bien entendu, le premier liquide auquel tu penses, c'est l'eau. Aussi avons-nous demandé aux miniscientifiques de jeter un coup d'œil rapproché aux molécules d'eau des toilettes...

Les miniscientifiques... dans les toilettes

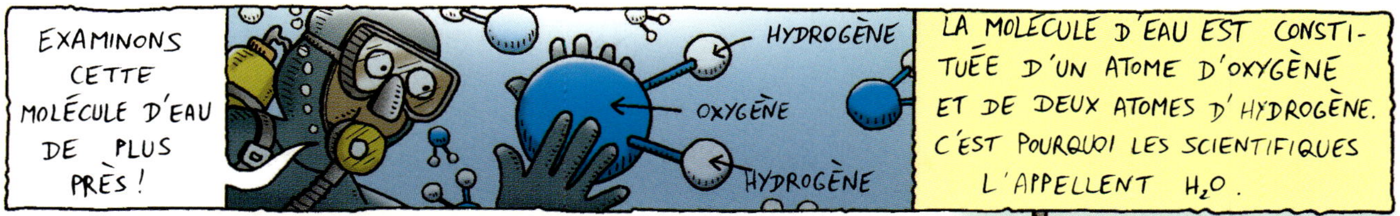

QUELQUES FAITS FASCINANTS SUR L'EAU

1. La pression de l'eau sur ton corps est appelée (j'entends d'ici ta surprise) « pression de l'eau ». Elle augmente avec la profondeur. On pompait de l'air dans les anciens scaphandres pour compenser cette horrible pression mais on disait que si la pompe à air tombait en panne, cette force aspirerait le corps du plongeur dans les tuyaux comme de la pâte dentifrice, et que seuls les os resteraient dans le scaphandre.

2. Les protons de l'hydrogène dans une molécule d'eau attirent les molécules voisines et l'ensemble prend la forme d'une goutte… d'eau, ou d'une surface élastique sur laquelle les puces d'eau pratiquent un délicat ballet.

3. Mais l'eau n'est pas aussi amicale avec d'autres molécules : les protons de l'hydrogène attirent et fragmentent d'autres assemblages de molécules jusqu'à les dissoudre. C'est ce qui arrive au sucre dans le thé.

Ton corps est un sac tremblotant rempli d'eau (les deux tiers de ton corps sont formés d'eau et ton cerveau à 80% : il est aussi aqueux qu'une pomme de terre). Il n'est pas étonnant que tu boives environ 40 000 litres d'eau au cours de ta vie (de quoi remplir 160 baignoires). Et si tu ne buvais rien pendant une quinzaine de jours, tu mourrais d'une manière épouvantablement douloureuse.

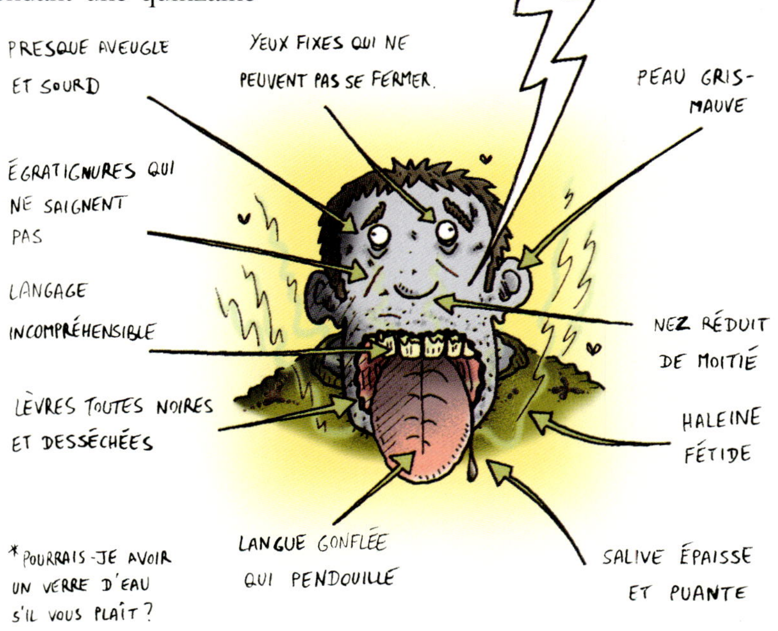

En 1905, Pablo Valencia partit à la recherche d'or dans le désert du Nevada. Mais il s'égara et pendant une semaine, il n'eut rien d'autre à boire que sa propre urine. Voilà ce que firent de lui sept jours du sinistre supplice de la soif…

Attention ! S'il y a quelque chose de pire que de ne pas boire d'eau du tout, c'est d'en boire trop ! Si tu buvais en une heure tout le contenu d'une baignoire, les signaux nerveux seraient tellement perturbés que tu en mourrais probablement. Eau ! quel choix ! Euh… je veux dire : Oh ! quel choix ! Sécher sur place ou éclater…

CETTE MERVEILLE QUE TU ES

Impressionnant, non ? Une collection de molécules s'assemble d'une façon ou d'une autre et s'arrange pour former quelque chose, quelque chose qui est toi ! N'est-il pas prodigieux d ' imaginer que, si tu es vivant, c'est uniquement parce que ces minuscules objets font bien leur travail ? Mais je t'entends demander : « Que font-ils au juste ? » Eh bien, tu as de la chance, tu es juste à la bonne page pour le découvrir...

FICHE SENSATIONNELLE
Nom : Les molécules vitales

LES FAITS DE BASE :
Les principaux types de molécules de ton corps sont l'eau, les graisses, les glucides (ou hydrates de carbone) et les protéines.
• Les graisses constituent une excellente réserve d'énergie, et tu en as peut-être accrochées à ton ventre.
• Les glucides sont une autre forme de réserve d'énergie formée de sucres.
• Les protéines sont les briques de base de ton corps. Elles ont des MILLIERS d'usages (regarde plus loin).

HORRIBLES DÉTAILS :
Graisses, glucides et protéines sont essentiellement composés d'atomes d'oxygène, de carbone et d'hydrogène. Ce qui les rend différents, c'est la manière dont leurs atomes sont arrangés pour former des molécules de formes différentes.

Le savais-tu ?

1. Si tu mâches du pain assez longtemps, il prend un goût sucré. C'est parce que le pain contient des glucides et que, quand tu le mâches, ta salive les décompose dans les sucres dont ils sont formés.

2. Les solides carapaces des insectes sont aussi formées de glucides. Un volontaire pour mâchonner la belle carapace croustillante d'un cafard mort ?

Et maintenant, jetons un autre coup d'œil aux protéines. Ces merveilleuses molécules sont tellement extraordinaires que nous leur offrons deux espaces gratuits de publicité...

PROTÉINES : VOICI CE DONT VOUS AVEZ BESOIN !

- Vous vous sentez plus mort que vivant ?
- Vous avez besoin d'un peu d'aide ?
- L'équipe des protéines est à votre service !
- Des milliers de molécules complexes pour des milliers de tâches importantes ! De quoi former les trois quarts de la matière solide de votre corps !

Passez commande maintenant et recevez en prime du collagène pour construire votre peau et vos os ! PLUS des ongles gratuits (ils sont faits d'une protéine, la kératine) !

PROBLÈMES DE DIGESTION ?

Ne souffrez plus en silence ! Employez nos enzymes (des protéines) pour digérer votre nourriture ! La forme unique de chaque enzyme offre un abri idéal pour les réactions chimiques... et chacun peut réagir MILLE fois par seconde !

ÉTAPE 1 :
Une molécule de nourriture s'ajuste dans un enzyme...

ÉTAPE 2 :
Ta-da ! elle est coupée en deux !

PETITS CARACTÈRES : Les enzymes sont détruits par la chaleur et les acides, alors ne prends pas de bain dans un acide bouillant !

De bonnes nouvelles

Tu seras soulagé d'apprendre que tu peux acheter des protéines dans n'importe quel supermarché. Eh oui ! on en trouve dans des nourritures comme la viande, les haricots, le fromage ou le poisson. Et pendant tout le temps que tu lis ce livre, ton corps est très occupé à brider d'anciennes protéines et à en fabriquer de nouvelles à partir de molécules plus petites, les acides aminés.

L'un des premiers savants à avoir étudié la chimie du corps fut le Français Antoine-François Fourcroy. Le fougueux Fourcroy étudia les effets de la chaleur, de l'air, de l'eau, des acides et d'autres produits chimiques sur des corps humains en décomposition. Et il découvrit un corpus d'indices !

Le savais-tu ?

1. Quand un corps se décompose, les atomes sont libérés des protéines. Ils sont ensuite absorbés par les plantes et mangés par les animaux et ils finissent par aboutir dans ton assiette. Cela veut donc dire que ton corps contient des atomes venus de cadavres décomposés.

2. Il y a une météorite venue de l'espace qui contient justement des acides aminés. Ont-ils été envoyés par des extraterrestres ?

Oh oh ! les miniscientifiques ne semblent pas tellement heureux à cette idée d'extraterrestres.

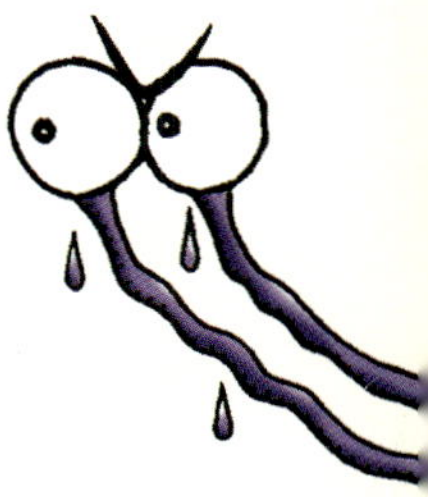

Très bien ! Tout ce que nous pouvons dire, scientifiquement, c'est qu'il y a des milliards d'années, des acides aminés sont arrivés sur la Terre et, d'une façon ou d'une autre, se sont assemblés pour former des microbes mortels. Et il y en a des quantités à l'affût dans le prochain chapitre...

MAJESTUEUX MICROBES

Lentement mais sûrement, les terribles sujets de ce livre grandissent. Je veux dire que les microbes sont plus gros que les molécules, même s'ils sont trop petits pour qu ' on puisse les voir sans microscope. Mais ce n'est peut-être pas plus mal, parce qu'il y en a qui se tortillent en ce moment dans ton nez et dans d'autres endroits que je préfère ne pas mentionner.

Les microbes vivent dans le monde entier et on en trouve virtuellement partout : dans l'air, dans la terre, dans l'eau, dans les plantes et dans les animaux, et même sur toi. Voici ce que tu attendais…

GUIDE DE TERRAIN DES MAJESTUEUX MICROBES

Nom et description des microbes	Taille étonnamment minus	Mode de vie répugnant
 **VIRUS** ADN dissimulés dans une coque de protéines	200 000 d'entre eux alignés occuperaient 1 cm. Mais ils sont des centaines de fois plus gros que les atomes.	Ils se glissent dans les cellules du corps et les obligent à fabriquer de nouveaux virus. Ils provoquent des maladies comme le rhume.
 **BACTÉRIE** Machins visqueux sans endroit particulier pour conserver leur ADN.	Il en faut 50 000 pour remplir 1 cm, mais les plus grandes bactéries mesurent 1 mm de long !	Les plus grandes bactéries sont bleu-vert et passent leur vie dans l'océan à avaler du soufre.
 **PROTISTES** (Certains sont appelés aussi « protozoaires ».)	Une centaine rempliraient 1 cm. 	Certains se goinfrent de bactéries ou d'autres protistes. D'autres fabriquent leur nourriture à partir de la lumière et de produits chimiques, à la manière des plantes (voir p. 46).

Les **cellules** ne sont pas toujours des pièces où on enferme les bandits ! Les cellules sont de minuscules unités vivantes qui composent la plupart des êtres vivants, y compris toi ! (Pour plus de détails, voir les zooms pages 46 et 57).

L'**ADN** est le code chimique permettant de construire les différentes formes de vie (voir page 58). L'ADN est stocké dans les cellules.

Maintenant, les miniscientifiques vont examiner les microbes dans l'une de leurs plus horribles cachettes : la bouche du détective privé new-yorkais G. Malobide…

Les miniscientifiques… en mission « spéciale microbes »

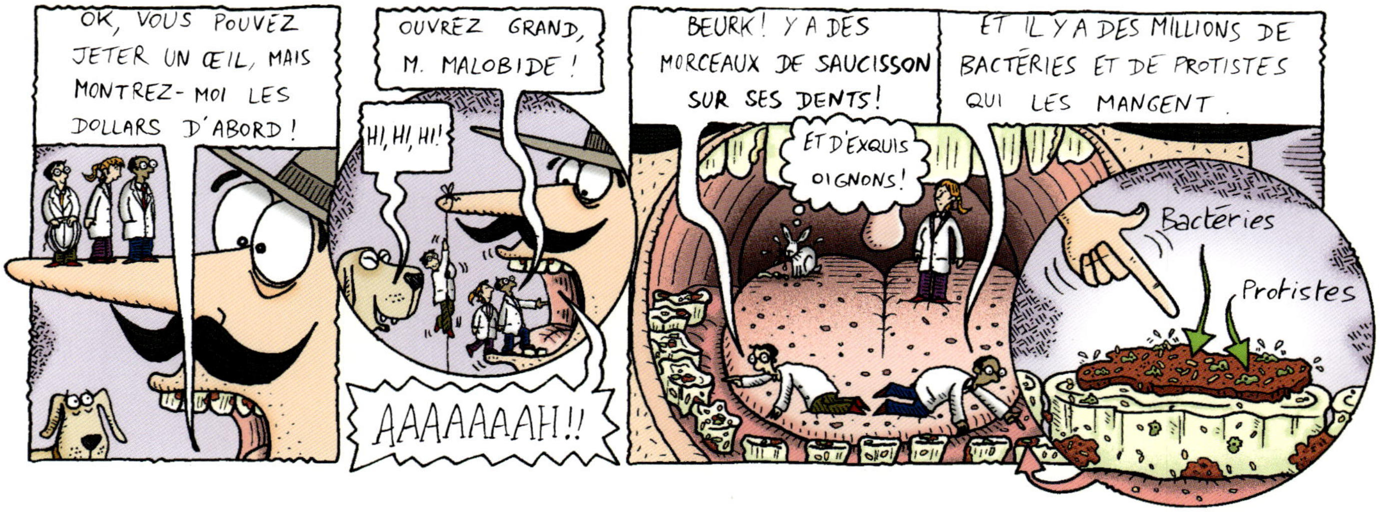

Le savais-tu ?

***1.** Arrête de faire des grimaces ! Il y a probablement des protistes dans ta bouche aussi et sur ta brosse à dents. Ce microbe mène aussi la belle vie dans la bouche des chiens. Je me demande si M. Malobide a reçu ses protistes d'un baiser mouillé de son chien ?*

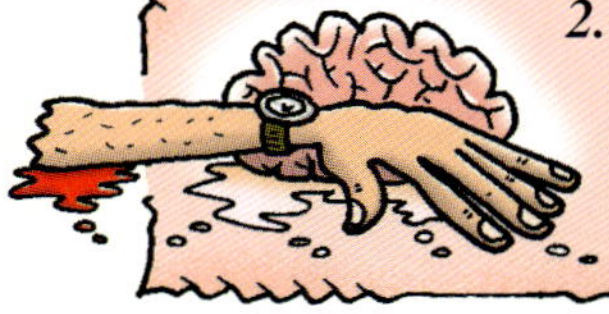

***2.** Tu peux combiner la paroi cellulaire, le noyau et le corps gélatineux de trois protistes différents pour en fabriquer un nouveau. Imagine un savant fou qui utiliserait la peau, le cerveau et les parties du corps de trois personnes différentes pour fabriquer un nouvel humain…*

Chaque protiste est une merveille de micro-ingénierie, avec plus de 50 000 protéines différentes et plus de composantes qu'un jumbo-jet. Mais les parties les plus étonnantes sont probablement les mitochondries. Ces machins sont de mini-centrales qui fabriquent de l'énergie à partir des produits chimiques de la nourriture. Devine quoi… Tu en as aussi ! Il est étonnant de penser que tu as des choses en commun avec un protiste visqueux…

BIENVENUE DANS LA ZONE VISQUEUSE !

Les miniscientifiques sont de retour dans le laboratoire de la Science Horrible pour essayer l'incubateur de bactéries...

Les bactéries se reproduisent en se coupant en deux, doublant ainsi leur nombre toutes les vingt minutes. Bon, laissons-les doubler et redoubler pendant que nous jetons un coup d'œil sur ce journal des microbes…

Cette semaine :
- Les conseils de beauté des bactéries
- Guide de la poubelle gourmande
- Gardez la forme en rendant les humains malades.

LE DAILY MICROBE

Le journal le plus minuscule du monde !

UN DEODORANT PROVOQUE UNE TERREUR BACTERIENNE SOUS DES AISSELLES !

par le reporter pourri M. La Ruse

Ce matin, 2,6 millions de bactéries ont risqué leur vie : un humain vaporisait du déodorant sous ses bras. Nous étions en train de festoyer joyeusement de sa sueur, avec toutes les saines vitamines et sels minéraux qu'elle contient, quand nous avons été éclaboussées. Des milliers de bactéries périrent dans la panique qui s'ensuivit et je n'ai pu m'échapper qu'en grimpant à un câble géant (je pense qu'il s'agissait en fait d'un poil).

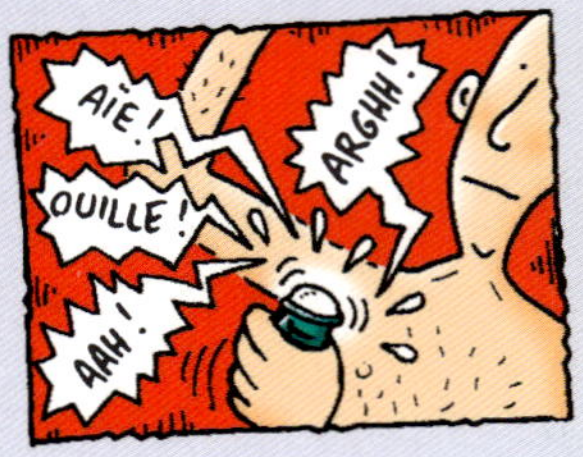

Note du rédacteur en chef :
Qu'est-ce qui leur prend en ce moment, aux humains ? Ils ne cessent de nous inonder, de nous ébouillanter, de nous javelliser, de nous rayer de la carte ! À croire qu'ils ne nous aiment pas !

VRAIMENT PETITES ANNONCES

VOUS ÊTES UN MICROBE SANS LE SENS DE L'ORIENTATION ?

Pourquoi ne pas utiliser le compas bactérien comme le font les bactéries habitant en mer ? De petits grains de métal magnétisé vous montreront le Nord.

PROBLÈMES DE TEMPÉRATURE ?

Être ébouillanté vivant dans de l'eau chaude ou congelé dans une flaque d'eau : ce sont les pires cauchemars des microbes. Pourquoi ne pas prendre un protiste tel le cératium comme thermomètre ?

* Ce protiste étend ses cornes tandis que l'eau chauffe !

* Parfait pour les microbes qui prennent leur bain dans le trou d'évacuation !

Oh non ! Pendant que nous lisions le journal, les bactéries se sont reproduites sans contrôle ! Eh oui ! En une journée, une bactérie peut se multiplier jusqu'à donner deux cent quatre-vingts millions de millions de bactéries !
Il ne reste plus qu'une chose à faire… PANIQUER !
Et après ce moment de panique, appelons SOS Bactéries.

COMMENT SE DÉBARRASSER FACILEMENT DES BACTÉRIES EN 7 ÉTAPES (PAR SOS-BACTÉRIES)

1 Mets ce livre au congélo. Certaines bactéries vont geler et mourir.

2 Donne un bon bain savonneux à ce livre ! Le savon et l'eau vont entraîner les bactéries dans la tuyauterie et en plus, ils sont très efficaces pour nettoyer la peau.

3 Laisse sécher ce livre au soleil. Les rayons ultraviolets tuent certaines bactéries.

4 Empoisonne les bactéries : chlore et eau de javel dissolvent leurs petits corps.

AVERTISSEMENT
Cela peut aussi dissoudre ton petit corps, alors tout bien réfléchi, ne t'occupe pas de cette étape-là !

5 Déchire ton livre en minuscules morceaux, encore plus petits que les bactéries, et fais-les passer dans un filtre très fin pour retenir les bactéries.

6 Soumets ton livre à un son de très haute fréquence : les bactéries vont vibrer jusqu'à exploser.

7 Irradie ton livre avec des rayons gamma (attention, les bactéries supportent 750 fois plus de rayons gamma que toi !)

Bon, cela devrait aller… Tu peux continuer à lire !

MANIFESTATIONS DE MALADIES MORTELLES

Bien que les microbes soient horriblement minuscules, ils ont la capacité de vous gâcher la journée, et je ne parle pas d'aisselles puantes ou de mauvaise haleine. Comme tu vas le découvrir, certains microbes causent de mortelles maladies… Oh ! j'espère que tu n'attraperas rien de trop désagréable dans ces pages !

Comment les microbes peuvent être mortels

- Les bactéries peuvent causer des empoisonnements de la nourriture ou du sang, la peste ou l'acné.
- Les protistes peuvent provoquer la typhoïde, la dysenterie et le paludisme.
- Les virus causent la grippe, les rhumes, la varicelle, la rage, les oreillons, la fièvre jaune et quantité d'autres horreurs…

C'est une pensée terrifiante que quelque chose d'aussi grand qu'un humain puisse être détruit par quelque chose d'aussi petit qu'un microbe… En 1922, l'un des pires microbes frappa un hôtel écossais. Mais quel microscopique monstre meurtrier fut le funeste facteur ?

Notes de l'inspecteur Mc Cuisin

L'AFFAIRE DE L'HÔTEL DE L'HORREUR

Je fus appelé quand les pensionnaires du Loch Maree commencèrent à tomber comme des mouches. Chaque victime voyait double, avait du mal à se déplacer, à respirer et bavait sans pouvoir s'en empêcher. La mort survenait après quelques heures.

Je commençai par suspecter le poison…

Les victimes avaient fait une partie de pêche la veille, aussi examinai-je leur menu…

En discutant avec les autres pensionnaires, je découvris que toutes les victimes avaient mangé des sandwichs au canard sauvage. Je supposai quelques gibiers de potence d'avoir contaminé la canard. Mais qui ?

Le personnel de cuisine jurait que la boîte était bien fermée avant que les sandwichs ne soient préparés. Personne à l'hôtel n'avait de raison d'assassiner les pensionnaires…

Le poison était-il vraiment en cause ?

Et si un microbe était impliqué ?

Une migraine me martelait la tête à chercher l'identité du terrifiant tueur. Quelle pouvait être la réponse ?

McCuisin est peut-être sorti de mon imagination mais le reste de l'histoire est vrai. Six hôtes et deux rameurs moururent. Mais quel genre de microbe les avait conduit à la mort ?

a) Un virus se répandant par des éternuements.

b) Un poison fabriqué par une bactérie.

c) Un protiste empoisonneur qui vivait dans le loch.

Réponse :
b. C'est un virus qui aurait contaminé tout le monde à l'hôtel. Un protiste dans le loch aurait contaminé tous les passagers du bateau. Le seul suspect restant est celui qui figure sur l'affiche WANTED.

Le savant allemand Rudolf Virchow s'intéressait aux bactéries, mais il avait un problème. Il avait un différend politique avec le prince Otto von Bismarck (1815-1898). Un jour, Bismarck défia le savant en duel.

– Parfait, dit Rudi. Comme arme, je choisis les saucisses. Nous mangerons chacun une saucisse, mais l'une des deux sera contaminée avec des bactéries mortelles. Aucun de nous ne saura quelle est la saucisse tueuse… jusqu'à ce que l'un agonise !

Bismarck changea rapidement d'avis sur le duel.

Le savais-tu ?

L'empoisonnement par botuline est extrêmement rare. Et c'est une bonne nouvelle, car la botuline est si mortelle qu'une pilule de ce poison (500 fois plus légère que cette page) pourrait tuer TOUS LES HOMMES SUR LA TERRE !

À LA MAISON AVEC LES ACARIENS

Avant de quitter le monde infect des créatures microscopiques, il me reste quelques petits amis à te présenter. Dis bonjour à la famille des acariens de la poussière… Ne sont-ils pas adorables ?

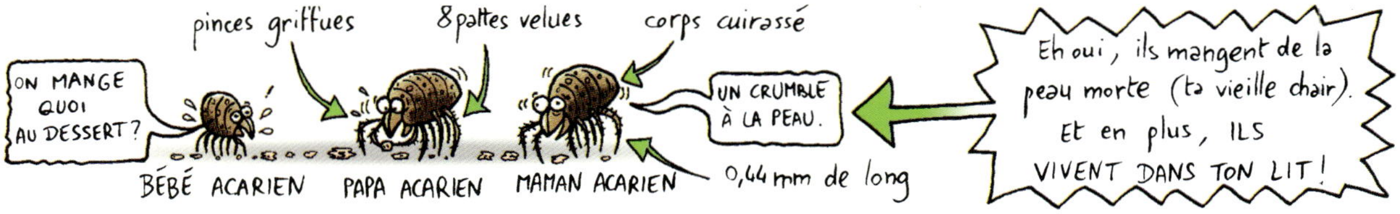

La demi-maison de l'horreur

Nous avons scié en deux cette charmante maison familiale avec une méga-tronçonneuse pour te dévoiler les refuges de nos amis acariens…

QUESTION SIMPLE ET FACILE

Comment te débarrasses-tu des acariens, au juste ?

a) Tu ne peux pas.

b) Tu utilises un micro-explosif.

c) Tu les aspires.

Réponse :

a) Tu ne peux pas te débarrasser des acariens ! Même si tu passes l'aspirateur pendant 20 minutes sur un tapis, tu n'aspireras pas beaucoup d'acariens, et ceux que tu attrapes vivent très agréablement dans le sac de ton aspirateur. Si tu laves ton oreiller, tu te débarrasses des acariens qui y vivent, mais bien d'autres s'y installent aussitôt car ta maison en fourmille.

NE PANIQUE PAS ! Tu as dormi toute ta vie avec des acariens et ils ne t'ont jamais fait de mal (enfin, j'espère !). Alors, dors sur tes deux oreilles et réjouis-toi que les acariens ne t'aient pas mordu ! Ce n'est pas le cas des bestioles sanguinaires du chapitre suivant…

BESTIOLES SANGUINAIRES

Heureux de l'entendre ! Les choses vont devenir horribles, vois-tu. Nous allons rencontrer certaines des plus affreuses bestioles du monde et nous allons entendre les pires choses au sujet de leurs habitudes encore plus affreuses...

Les familles de bestioles assoiffées de sang

Sans plus attendre, rencontrons quelques unes de ces familles. Mais nous ne parlons pas ici de familles heureuses : certains de leurs membres adorent en dévorer d'autres. J'espère que ta famille n'est pas comme ça !

Une **famille** est un groupe d'espèces semblables (voir page 45 pour plus de détails sur les familles).

Une **espèce** est un type d'organisme vivant, comme un animal par exemple.

L'auteur te présente ici toutes ses excuses les plus plates : un problème d'impression a conduit à la perte de plusieurs mots des fiches d'information sur ces bestioles. Nous avons remis la main dessus, mais peux-tu retrouver où ils doivent aller ? Eh oui, un des mots retrouvés ne va nulle part ! Tu es perdu ? Pas étonnant !

Mots manquants :
Blatte **Tête** **Crissement** **Dent** **Œil** **Caca** **Crochets** **Morve**

1. Vulnérables vers

Les vers de terre sont la nourriture favorite des taupes. Celles-ci leur coupent la _______ et entreposent le reste du corps dans un garde-manger souterrain.

2. Mastiqueurs mollusques

Limaces et escargots rampent sur un tapis de mucus (imagine que tu patines sur une _______ glissante). Ce mucus a un goût détestable, mais les hérissons affamés dévorent souvent des limaces et des escargots pour leur souper.

3. Curieux cloportes

Les cloportes sont apparentés aux crabes et aux homards, mais tu n'en voudrais sans doute pas dans ta salade de crustacés. Ils sortent la nuit et se nourrissent de bois pourri et de plantes. Les bactéries de leurs intestins les aident à digérer leur nourriture, mais pour atteindre au bonheur, c'est leur propre _______ qu'ils mangent.

4. Mystérieux mille-pattes

Conseil du cœur pour les mille-pattes : si tu cherches une petite amie, tape avec ta tête sur le sol ou pousse un puissant _______. On peut entendre à cinq mètres de distance les mille-pattes musicaux. Quelqu'un veut des leçons de chant ?

5. Sanguinaires scolopendres

Les scolopendres adorent chasser les mille-pattes et les tuer de leurs crocs empoisonnés. En 1972, un scolopendre fut découvert dans la _______ d'une femme. Je parie qu'elle l'a senti passer.

6. Affolantes araignées

Il existe 35 000 espèces d'araignées, mais elles ont toutes huit pattes, des _______ empoisonnés et le désir de partager ton bain. Oh oui ! toutes dévorent aussi d'autres créatures. Message pour toute mouche qui lirait cela : TU ES PRÉVENUE !

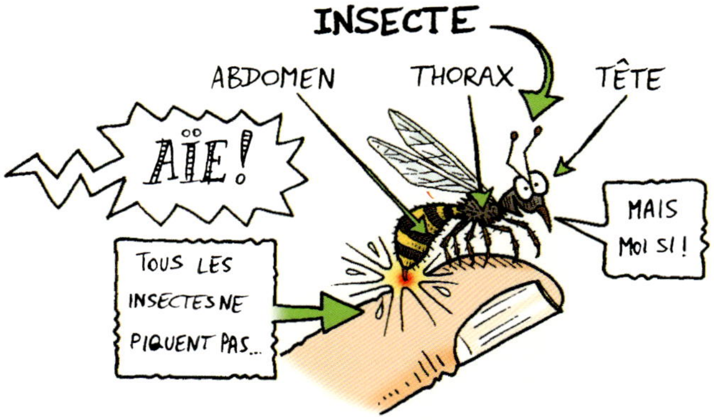

7. Irritants insectes

Tous les insectes ont six pattes et un corps en trois parties mais ils présentent une extraordinaire variété d'espèces, avec les fourmis, les abeilles, les guêpes, les papillons, les mites, sans oublier la mignonne et séduisante _______. En fait, ils sont assez nombreux pour occuper pendant des années un savant passionné d'insectes (appelle-le un entomologiste, si tu veux avoir l'air sérieux et scientifique).

Le savais-tu ?

Les insectes peuvent être gros :

- *Les scarabées goliath peuvent mesurer douze centimètres de long et peser cent grammes. Les enfants africains les attachent par une ficelle et les font voler comme des avions miniatures.*
- *Certains insectes en forme de brindilles mesurent jusqu'à 33 cm de long.*
- *Le papillon Reine Alexandra mesure 28 cm du bout d'une aile à l'autre.*

Et ils peuvent être minuscules : L'araignée Patu, qui vit dans les îles Samoa, mesure moins d'un demi-millimètre (la taille de ce point : .) et il est difficile d'en avoir peur.

Réponses :
1. Tête. Mais si une taupe lui coupe la queue, le ver s'échappe et une nouvelle queue repousse.
2. Morve. **3.** Caca.
4. Crissement. **5.** Dent. **6.** Crochets. **7.** Blatte. Le mot superflu est *œil*.

BIENVENUE DANS LE JARDIN CRUEL

Tu te souviens de la demi-maison de l'horreur ? Après nous être débarrassés de celle-ci, nous nous sommes demandé pourquoi nous arrêter en si bon chemin… Alors nous avons aussi remanié le jardin. Oui, nous l'avons rempli des bestioles et des plantes les plus antisociales… Un petit tour ?

LE GUIDE DU JARDIN CRUEL

• Les **FOURMIS AMAZONES** effectuent des raids dans les nids d'autres espèces de fourmis pour voler les œufs. Les bébés sont élevés comme esclaves au service des affreuses fourmis amazones.

• Attention aux grosses **FOURMIS AUSTRALIENNES** du genre *Myrmecia* : trente de leurs morsures peuvent tuer un homme, et en plus si tu te fais piquer, tu bénéficies gracieusement d'un crachat gratuit d'acide dans tes blessures.

• Les **FOURMIS COUPEUSES DE FEUILLES** adorent jardiner. Elles découpent des feuilles avec leurs mandibules et y font pousser d'appétissants champignons. Pour que leurs jardins se développent mieux, elles ajoutent une goutte d'engrais : leurs propres déjections.

• Les **PUCERONS DES ROSIERS** se dissimulent aux regards des prédateurs en faisant semblant d'être… devine quoi ? Pour une meilleure ressemblance, ils orientent leurs corps dans la direction des vraies épines. Ils sucent la sève des rosiers, aussi je pense qu'ils sont une épine dans leur flanc.

• Le **SCARABÉE TORTUE** ressemble à… NON ! Pas à une tortue ! Mais sa forme étrange lui permet de se dissimuler dans les feuilles mortes.

• La **CHENILLE DU PAPILLON MACHAON ROYAL** ressemble à… NON ! Pas à un roi ! Elle ressemble à une fiente d'oiseau, et un oiseau qui la voit se dit : « C'est peut-être une chenille juteuse, ou peut-être pas ! Mieux vaut ne pas courir le risque ! »

• En parlant de fiente, la **PUNAISE ASSASSINE** mange des termites et les abuse en se déguisant en un tas d'excréments de termite : pour cela, elle s'en colle sur le dos. Je ne sais pas ce que tu en penses, mais si j'étais poursuivi par un énorme tas d'excréments, je pense que je le remarquerais.

• Le **VER CHEMIN DE FER** est la larve d'un coléoptère d'Amérique du Sud qui effraie les autres insectes en émettant de la lumière sur ses flancs et une lumière rouge sur sa tête. Il ressemble à un petit train, mais tu n'irais pas très loin en t'asseyant dessus.

• Les **BOUSIERS** enterrent des excréments (comme la bouse…) avant d'y pondre leurs œufs. Heureux de nourrir leurs larves de délicieux excréments, les bousiers rendent aussi un grand service aux animaux plus grands en nettoyant l'herbe. Une espèce de bousier est même capable de sentir la bouse de bison avant qu'elle touche le sol, et le bousier se met alors immédiatement en route.

• Certaines **MOUCHES** du genre *Dermatobia* déposent leurs œufs sur des moustiques, mais alors quand le moustique pique un homme, les terribles asticots de la mouche creusent un sillon sous sa peau. Si l'un d'eux s'installait sur ta tête, tu pourrais l'entendre dévorer ta chair.

ODIEUX MODE DE VIE DES INSECTES

Vous pouviez croire jusqu'ici que les insectes sont fort désagréablement antisociaux, mais ce n'est encore qu'un bout de l'histoire. Examinez seulement leurs odieux modes de vie!

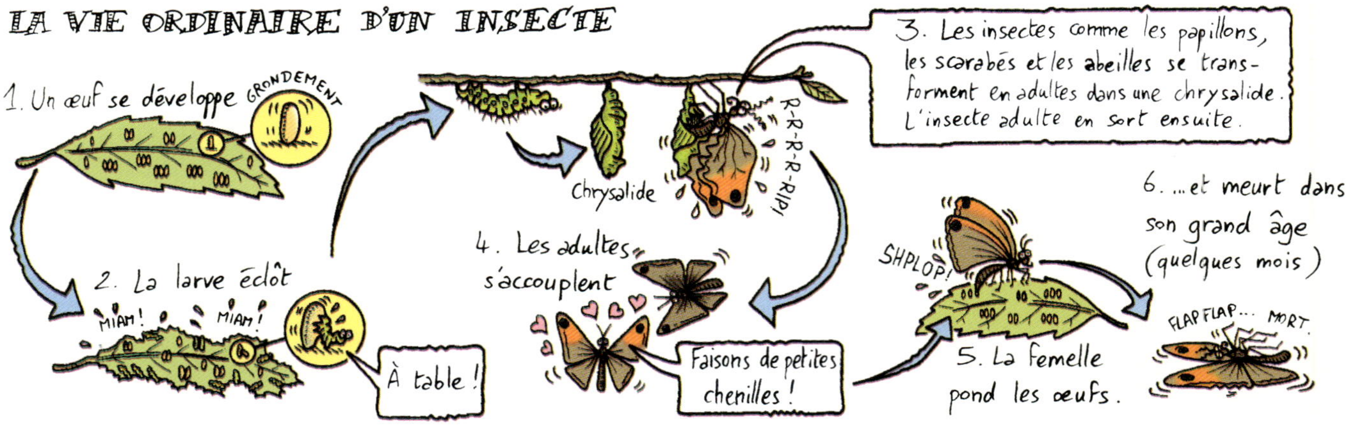

Je pourrais te raconter une foule de faits infâmes sur chacune des étapes de la vie d'un insecte mais malheureusement il me faudrait un livre énorme! Concentrons-nous plutôt sur la phase d'accouplement : elle est terriblement dangereuse pour les insectes mâles et je suis sûr que les magazines pour insectes sont pleins d'avertissements...

CONSEILS LOVE POUR INSECTES LAIDS

Par Tatie Fourmi

Eh bien, mes chéris, un peu de reproduction est toujours une bonne idée, mais soyez prudents. Si vous êtes une mante religieuse mâle, ne contrariez JAMAIS votre compagne lors de vos rapports. Si elle est de mauvaise humeur, elle pourrait bien vous couper la tête. Non, ce n'est pas une image, elle vous couperait vraiment la tête d'un coup de mandibule! Puis elle vous dévorerait!

Aussi, mes chéris, vous devez vous montrer romantique comme cette mouche dansante, l'empis, et offrir à votre amour un savoureux insecte mort enveloppé dans une écharpe de soie que vous aurez tissée. Mais soyez averti : si elle apprécie votre présent, elle le mangera. mais s'il ne lui plaît pas, c'est VOUS qu'elle mangera. En même temps, si elle a vraiment faim, elle vous croquera de toute manière en dessert!

Insectes horriblement antisociaux

Bon, les insectes se mangent entre eux, mais cela nous concerne-t-il ? Je ne le pense pas ! Mais c'est une tout autre histoire si les insectes causent du tort aux humains. Il est déjà assez déplaisant qu'ils avalent nos récoltes, mais il est absolument inacceptable qu'ils sucent notre sang ! Passons en revue certains de ces affreux sanguinaires…

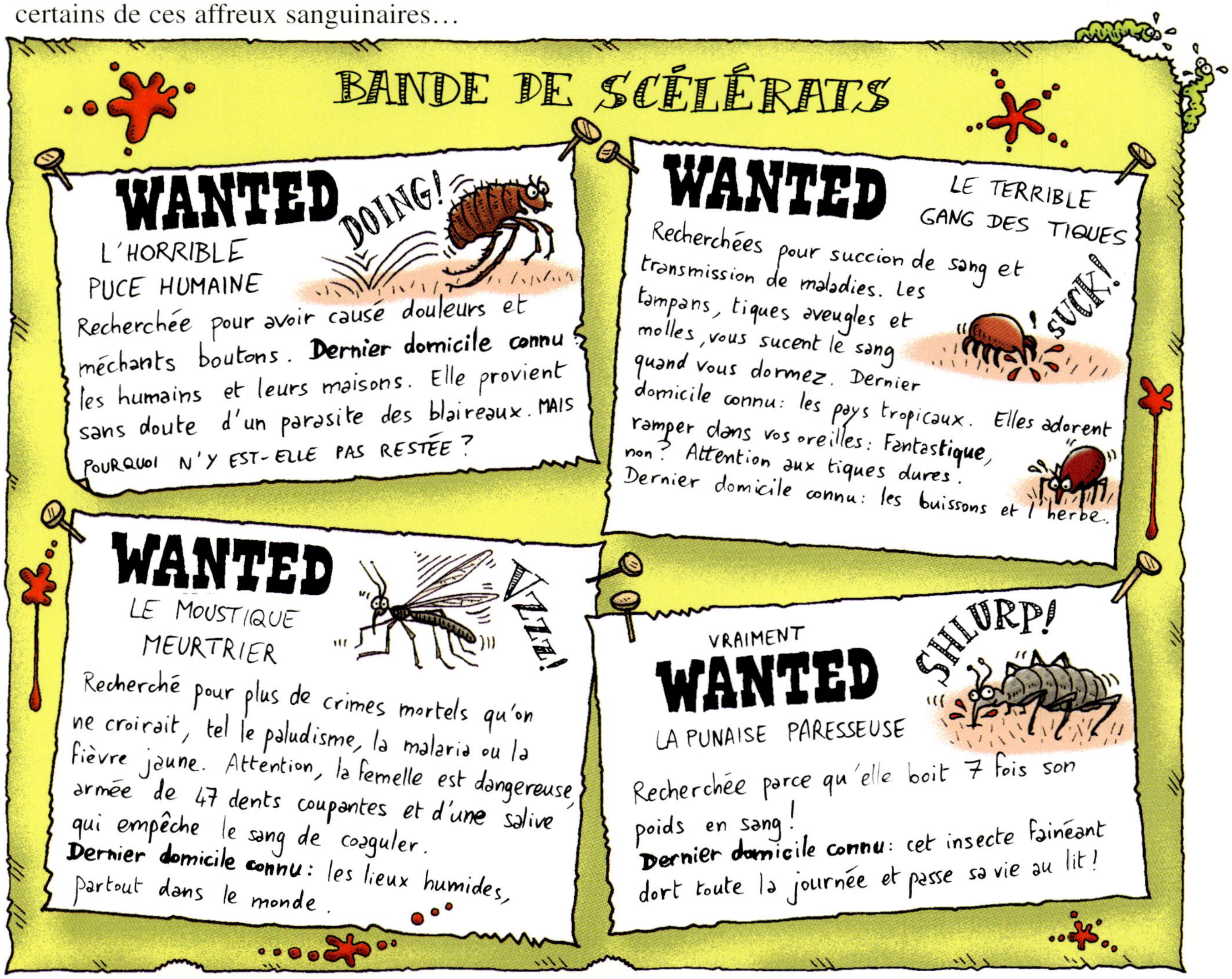

Le savais-tu ?

Dans les années 1970, les savants américains s'efforcèrent, sans succès, de placer de minuscules émetteurs radio sur des punaises et de les envoyer espionner les forces ennemies au Vietnam.

Je parie que vous ne pourriez pas répéter trois fois « la suggestion saugrenue des savants cerveaux sombra sur le souci des punaises parasites » la bouche pleine d'insectes.

Alors, le style de vie des insectes te plaît-il ? Je n'en ai pas l'impression, mais même si tu n'aimes pas la manière dont les insectes vivent, tu ne peux qu'admirer leurs capacités effarantes…

LES J.O. DES BESTIOLES

C'est un fait que les bestioles sont capables d'exploits fantastiques, comme vous allez le voir !

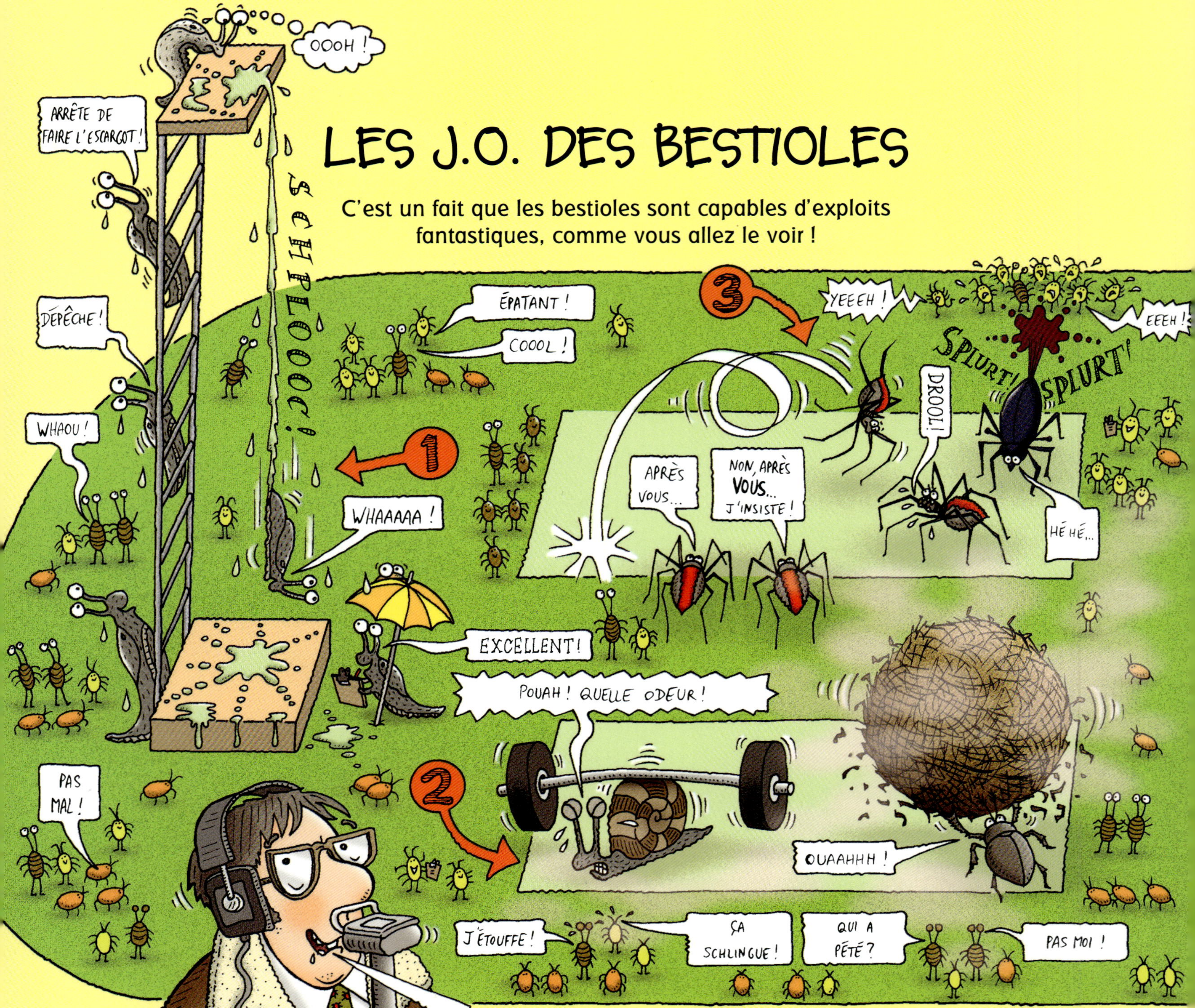

1. Et voici la finale tous azimuts de la compétition de saut à l'élastique des limaces. Admirez la remarquable technique de celle-ci qui se freine sur son fil de mucus !

2. Et maintenant, le concours de poids et haltères. Holà ! cet escargot soulève DIX fois son propre poids ! C'est comme si je soulevais une tonne de briques ! Mais c'est sensationnel ! ce record est battu par un bousier qui vient de soulever 850 fois son propre poids : comme si je soulevais un tas de quatre-vingt cinq tonnes d'excréments. Autant vous dire que je ne suis pas près d'essayer !

3. Et du côté des gymnastes, une araignée mâle à dos rouge d'Australie est en train de montrer pourquoi elle est championne : quel superbe saut périlleux ! Droit dans les mâchoires de sa femelle pour qu'elle puisse le dévorer ! Et quel joli poirier nous fait ce ténébrion... Mais oh ! non ! il crache du poison par l'arrière ! Non ! ça ne compte pas !

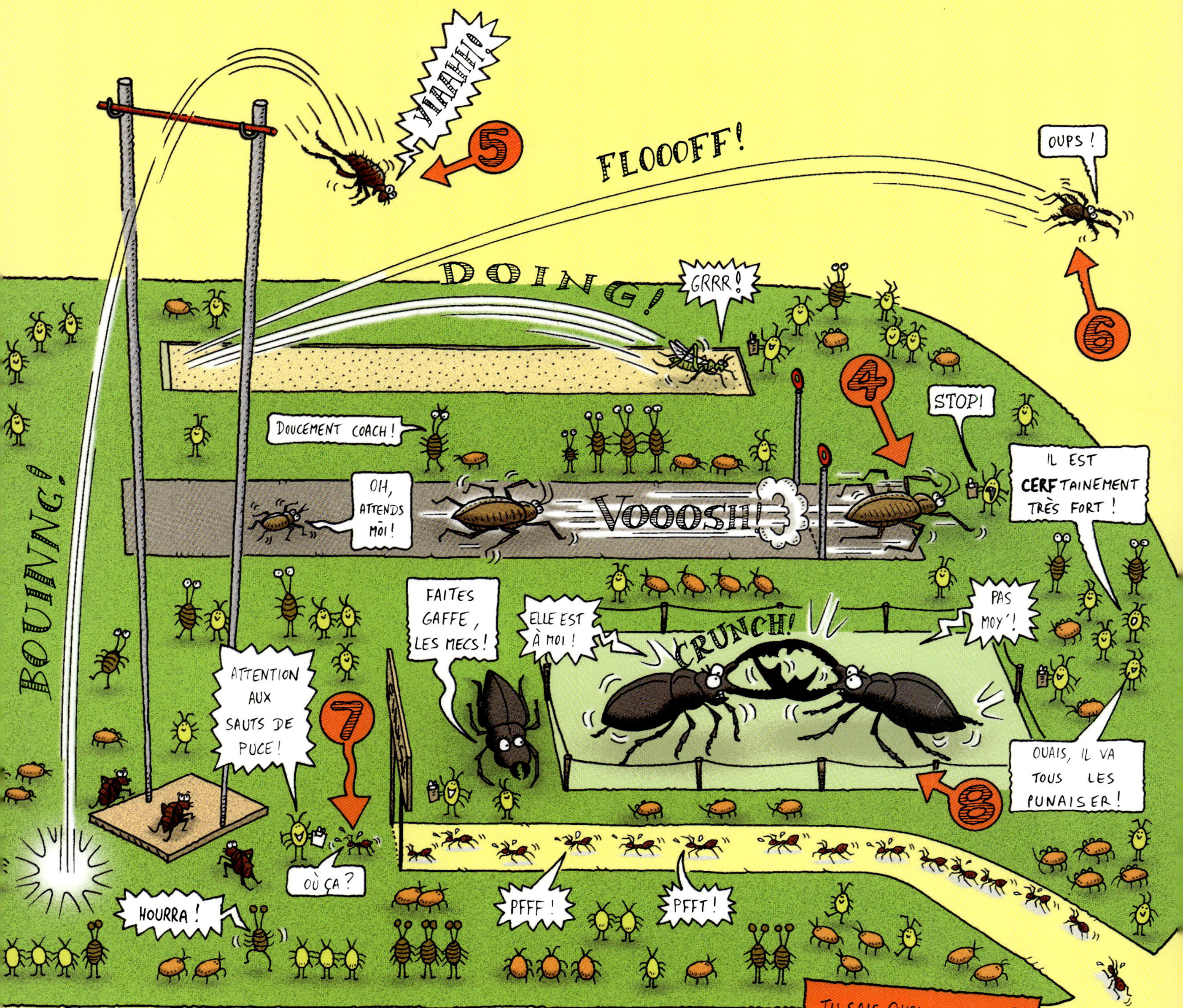

TU SAIS QUOI, LECTEUR? TOUS CES EXPLOITS DE VILAINES BESTIOLES SONT AUTHENTIQUES ! EH OUI, MÊME LE SAUT PÉRILLEUX DE L'ARAIGNÉE. MAIS NE T'AMUSE PAS À FAIRE ÇA CHEZ TOI !

ON Y EST PRESQUE !

4. Et nous voici au 100 cm sprint des blattes, où le champion Periplaneta mène avec une vitesse de pointe de 5,4 km/h ! C'est comme si je courrais le 100 m en UNE seconde ! Je vais faire l'impasse sur cette course !

5. Grandes nouvelles du saut en hauteur où une puce a établi le nouveau record mondial en sautant 130 fois sa taille. C'est comme si je sautais cinq fois plus haut que la tour penchée de Pise ! Ce qui n'est pas pour demain !

6. JE N'EN CROIS PAS MES YEUX ! Un drame se déroule au saut en longueur où le record personnel d'une sauterelle, 20 fois la longueur de son corps, vient d'être battu par une araignée sauteuse avec – c'est absolument incroyable ! – QUARANTE fois sa longueur ! Comme si je sautais par-dessus trois courts de tennis !

7. Et nous voilà aux dernières étapes du marathon des fourmis. Elles voyagent sur de longues distances (comparées à leur taille) en quête de nourriture, et ces fourmis arrivent au bout d'une course de trois kilomètres. Pour moi, ce serait comme un marathon de 2 000 km !

8. Pendant ce temps, le combat de scarabées devient plus intense : deux mâles de lucanes cerfs-volants entrelacent leurs cornes pour tenter de se jeter hors de l'arène. Le prix est la conquête d'une femelle. Les choses peuvent devenir horrible si l'un tombe à la renverse et se fait dévorer par les fourmis !

PFFF !

Tu as repris ton souffle ? Super ! Passons à des animaux un peu plus gros. Le prochain chapitre est vraiment SAUVAGE !

AFFREUX ANIMAUX ET PLANTES PENIBLES

Bienvenue dans le monde cruel de la nature, où les chats mangent les souris et où les chiens se dévorent entre eux, où les plantes et les animaux gagnent leur vie en prenant celle d'autres créatures. Mais examinons d'abord comment les savants classent les millions de formes de vie qui cohabitent sur la planète Terre…

LE GRAND CLASSEMENT

Tu peux imaginer le système scientifique de classement comme un ensemble de poupées russes : un animal ou une plante appartient à un groupe plus grand, qui appartient lui-même à un groupe plus grand, et ainsi de suite…

Mais qui donc sur la Terre fut assez savant cerveau pour imaginer cela le premier ?

Le système scientifique de classement fut inventé par le savant suédois Carl Linné, mais l'insouciant Carl commit des erreurs. Il croyait à des contes de fée parlant de créatures étranges et merveilleuses, et il fit place dans son système à des hommes à queue et à des hommes marchant à quatre pattes. Tu en connais ?

Le savais-tu ?

Même après 250 ans de classements scientifiques, les savants reconnaissent que 97 % de toutes les espèces vivantes sont totalement inconnues de la science ! Prenez les champignons par exemple : les savants pensent qu'il en existe au moins 70 000 espèces différentes, mais qu'il pourrait y en avoir 1,8 million… ou plus !

Classement

Quoi qu'il en soit, les miniscientifiques vont montrer comment les savants s'y prennent pour classer une forme vivante. Pourrions-nous avoir un volontaire ?

D'accord, cela semble un peu compliqué, mais il existe des millions d'espèces de toutes les tailles et de toutes les formes et sans un classement, les savants seraient dans la confusion la plus totale. À propos de tailles, terminons cette page en parlant de quelques animaux petits et gros.

Le savais-tu ?

1. *En 2004, des savants américains ont découvert dans la Grande Barrière de Corail, au large de l'Australie, le plus petit vertébré connu, le « poisson infantile vaillant » (Schindleria brevipinguis) qui ne mesurait que 7 mm de long.*

2. *La baleine bleue est 4 000 fois plus grande. C'est le plus gros animal qui ait jamais vécu (dinosaures compris). Avec 130 tonnes, une baleine représente le même poids que 2 000 personnes, son cœur est aussi gros qu'une voiture, et même sa langue pèse autant qu'un éléphant – si ta langue était aussi lourde, tu ne parlerais pas beaucoup...*

Et sur cette note, glissons-nous à nouveau dans notre jardin horrible...

RETOUR AU JARDIN HORRIBLE

Malheureusement, la plupart des bestioles se sont échappées de notre horrible jardin, mais au moins certaines plantes y sont encore… OH ! NON ! Qui a laissé Monsieur Peluche y pénétrer ? Bon, eh bien, cela nous donne l'occasion de le comparer à une salade…

REPÈRE LES DIFFÉRENCES ENTRE PLANTES ET ANIMAUX

Les **plantes** ne se promènent pas. Elles sont enracinées sur place et leurs racines puisent de l'eau dans le sol.

Les **animaux** ne peuvent pas rester tranquilles.

Les parois des cellules des **plantes** sont en cellulose.

Les parois des cellules des **animaux** sont faites d'une sorte de graisse.

Les **plantes** fabriquent de la nourriture par photosynthèse dans leurs feuilles vertes.

Les **animaux** mâchent les plantes.

Les **plantes** rejettent de l'oxygène.

Les **animaux** rejettent du caca et du pipi.

La **cellulose** est un glucide dur que l'on trouve dans les plantes.

La **photosynthèse** est la manière dont les plantes fabriquent de la nourriture à partir de la lumière, de l'eau et du gaz carbonique de l'air.

Le savais-tu ?

Il y a des plantes de toutes les formes et de toutes les tailles. La wolffia, *une sorte de lentille d'eau, ne mesure que 5 mm, mais les séquoias de Californie peuvent atteindre 112 m de haut.*

Quoi qu'il en soit, allons voir ce qui pousse dans notre jardin… Oh oh ! Monsieur Peluche devrait faire attention, ce jardin est plein de végétaux vicieux et de plantes aux poisons dangereux.

1. La **graine de baobab** ne peut pousser que si son épaisse enveloppe est en partie rabotée. Et pour que cela arrive, elle doit traverser les intestins d'un babouin et en ressortir dans une flaque de déjections.

2. Ce superbe **tamaris** rassemble du sel dans ses feuilles qu'il laisse tomber sur le sol pour l'empoisonner et empêcher les autres plantes de pousser près de lui. Avec de pareils voisins, plus d'ennemis !

3. Le **figuier étrangleur d'Amérique du Sud** enlace les arbres et leur vole l'eau de leur racines. Ses victimes meurent très lentement.

4. Cet **arum mange-mouches** répand une odeur de pourriture qui attire les mouches. Elles s'y retrouvent prisonnières et beaucoup y meurent. Les survivantes se retrouvent couvertes de pollen, qu'elles emportent ensuite sur un autre horrible arum.

5. Prendras-tu du café ou du thé ? Le théier et le caféier produisent de la caféine, cet excitant qui stimule. **Le houx d'Amérique du Sud** contient tant de caféine que la manière traditionnelle de boire le thé de houx est de le recracher avant d'avoir le cerveau trop surexcité.

6. Quand une mouche aventureuse (ou un miniscientifique) touche les cils qui déclenchent le piège de Vénus, ou **dionée attrape-mouches**, du liquide jaillit de cellules spéciales. La fleur se referme et produit de l'acide. La mouche piégée est lentement dissoute et mangée vivante.

7. Les feuilles collantes de la **drosera** se replient pour emprisonner et dévorer les insectes. Mais cela n'empêche pas des chenilles de mâchonner ses feuilles et de croquer ainsi de sinistres morceaux d'insectes morts.

8. Le poison de la **datura** attaque les nerfs : les victimes souffrent de la soif et d'hallucinations et leurs jambes s'agitent de manière incontrôlée.

9. Trente ou quarante feuilles de **laurier-rose** contiennent assez de poison pour tuer un bœuf – au sens propre. Mais il faudrait que le bœuf soit affamé car les feuilles mortelles ont un goût horrible.

10. La **jusquiame** contient un poison qui cause une démence, où bras et jambes s'agitent de façon convulsive, et des accès de violence. Un peu de jusquiame donnait (au Moyen Âge) un peu de punch aux bières allemandes.

AFFREUX ANIMAUX

Pour un animal, chaque jour apporte ses dangers. Notre lapin intellectuel, Monsieur Peluche, nous a autorisé à présenter son point de vue sur la vie dans le monde sauvage, et il nous a même montré son album de photographies. Oh oh ! les miniscientifiques n'ont pas l'air si heureux…

Le savais-tu ?

1. La vie est particulièrement dangereuse pour les bébés animaux. S'ils sont abandonnés par leurs parents, ils peuvent mourir de faim ou être dévorés par une autre créature.
2. Certains bébés animaux sont tués par leurs propres frères et sœurs.
• Les aiglons poussent les œufs de leurs frères et sœurs en dehors du nid avant leur éclosion. Ainsi ils auront plus à manger.
• Les bébés hyènes se battent dès leur naissance et peuvent s'entretuer quand ils grandissent.

Et voici maintenant trois faits qui feront immédiatement de vous un zoologiste. Oops ! je suis bête ! Je parie que tu ne sais pas de quoi je parle…

TROIS FAITS ANIMAL-TASTIQUES

(Ne tourne pas la page avant de les avoir lus…)

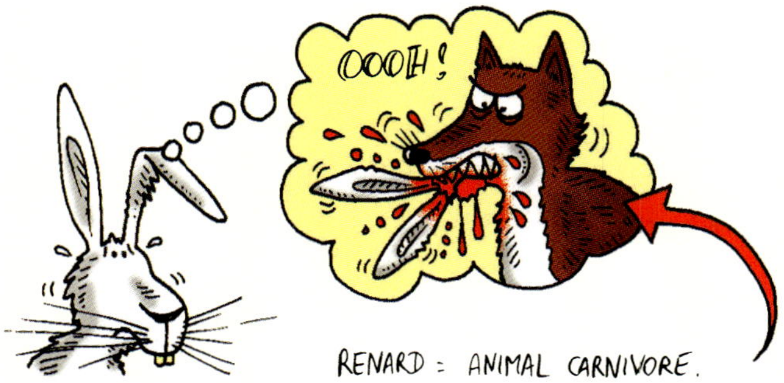

1. *Tout animal dans le monde a un habitat où il trouve nourriture et abri.*
2. *Les animaux dépendent les uns des autres. Les carnivores, qui mangent de la viande, dépendent des herbivores, qui mangent des plantes. Et les herbivores dépendent des carnivores : en mangeant les lapins faibles et malades, les renards assurent que seuls les lapins les plus vigoureux s'accoupleront et se reproduiront en familles saines et vigoureuses. Et en réduisant le nombre de lapins, les renards empêchent les lapins de dévorer toute l'herbe et de mourir ensuite de faim.*
3. *Les savants décrivent les relations d'alimentation entre animaux sous forme d'une pyramide alimentaire…*

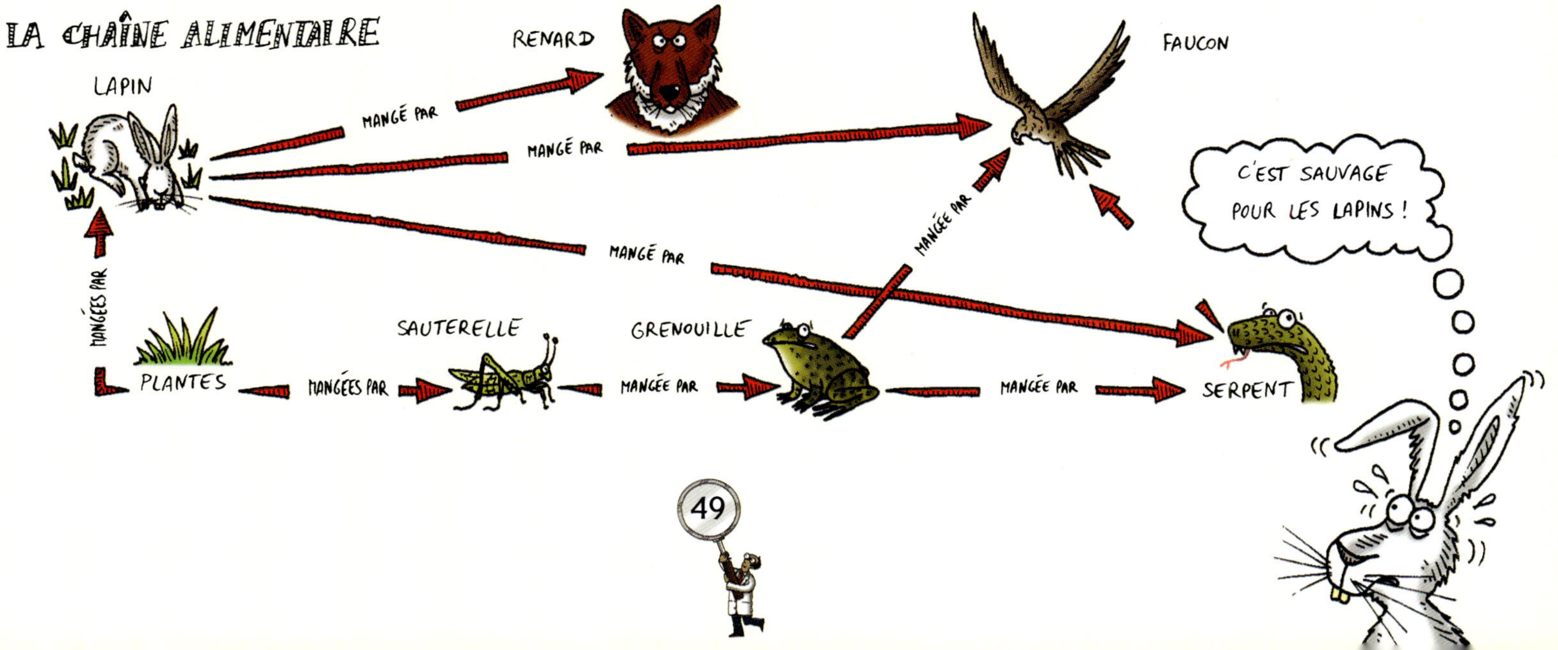

MODE DE VIE DES AFFREUX ANIMAUX

Tous les animaux ont à peu près les mêmes souhaits que Monsieur Peluche : nourriture, sécurité et bébés. Mais, comme tu vas le découvrir, chaque animal a sa propre façon de parvenir à ses fins…

Trouver de la nourriture

Chaque type de nourriture a ses inconvénients…

• Les plantes sont faciles à attraper (elles ne s'enfuient pas) mais il faut en manger beaucoup pour se nourrir. La cellulose est dure à digérer et cela signifie qu'il faut de gros intestins pour y arriver. Les mangeurs de plantes comme les vaches ou les lapins possèdent des bactéries dans leurs intestins pour décomposer les plantes et les rendre digestibles. Le hoatzin fait de même. Ce gros oiseau du Brésil a un gros estomac et il passe son temps à manger et à roter pour se débarrasser du gaz produit par les bactéries.

• La viande animale est plus facile à digérer et contient plus d'énergie, mais il faut d'abord l'attraper. Et des sens très affûtés sont alors indispensables.

Le journal secret d'un échidné

Cher journal,
Encore une journée difficile à traquer les larves d'insectes. Ces petites canailles se cachent sous terre et je me demande bien ce que je ferais sans mon nez super-sensible. Grâce à lui, je sens les forces électriques dans leurs muscles et je peux creuser et extraire ces bestioles pour mon dîner.
Dommage que mon nez sensible ne marche que s'il est humide et que j'aie toujours la goutte au nez. J'ai vraiment besoin d'un mouchoir… AATCHOUM !

Être en sécurité

Les animaux tentent de se cacher ou de fuir devant des animaux plus gros ou plus féroces, mais s'ils sont coincés, ils doivent se battre ou faire le mort…

Le journal secret d'une couleuvre à nez camus

Cher journal,

Aujourd'hui a été le pire jour de ma vie ! Je serpentais joyeusement quand un chien m'a sauté dessus ! Heureusement, je suis bonne comédienne et je lui ai joué ma célèbre imitation du cobra en me redressant et en sifflant. C'était un beau spectacle, si je puis me permettre ! Mais ce stupide cabot s'est mis à aboyer et il m'a fallu passer au plan B. Je me suis renversée et j'ai fait la morte. Jouer la morte est l'un de mes plus grand succès, et pour le rendre la scène encore plus vivante – euh je veux dire encore plus mortelle – j'ai craché un liquide odorant comme si j'étais en train de pourrir. Ça a trompé cet idiot de Fido et il s'est barré... Je pense que je mérite un Oscar !

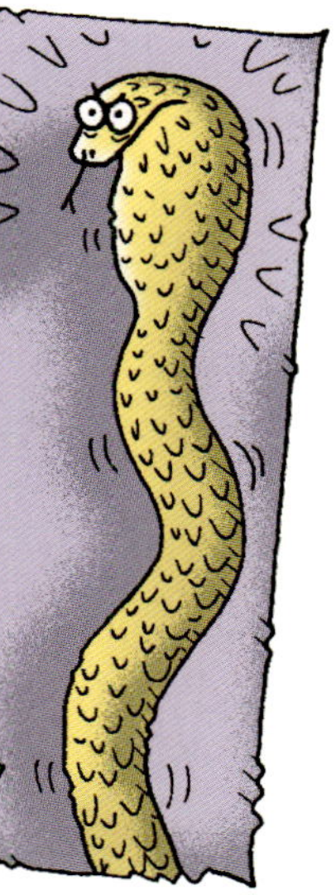

C'est moi dans le rôle du cobra.

Avoir des enfants

Tous les animaux doivent engendrer des jeunes, sinon leur espèce s'éteindrait. Il existe deux façons de s'assurer qu'il survit autant de bébés que possible…

- Produire une très grande quantité de bébés et *ne pas* s'en occuper. Les plus forts survivront sans aide. Dans ce cas, avoir plus de bébés signifie que plus survivront. Les poissons et les grenouilles sont des adeptes de cette stratégie.
- Produire peu de bébés, et s'en occuper. Il y a ainsi moins de risques d'en perdre. Les mammifères (comme les hommes) emploient cette stratégie.

Mais même les animaux qui s'occupent de leurs petits les mettent au travail…

Le journal secret d'un rat-taupe à peau nue

C'est moi ! (tout nu)

Cher journal,

Je déteste ma vie ! Je veux dire que c'est déjà assez dur de ressembler à une saucisse avec des crocs, mais en plus maman nous rend la vie dure, à moi et à mes frères et sœurs ! Elle ne cesse ne nous mordre et de nous faire travailler à longueur de journée dans le jardin de notre tunnel. Aujourd'hui, j'ai dû mâcher des racines et les planter dans le sol pour qu'elles poussent à nouveau. Et après, j'ai dû nourrir mes petits frères et mes petites sœurs avec mes propres déjections. J'aimerais bien être un vrai rat, je mordrais en retour !

Heureusement, nous les hommes, ne sommes pas aussi méchants, et dans le prochain chapitre nous allons nous examiner de plus près, de l'intérieur et de l'extérieur. Le classement par taille nous place dans le prochain chapitre car nous sommes plus gros que la plupart des animaux. Alors, continue ta lecture et apprends les singuliers secrets de notre ahurissante anatomie dans une page aux terribles teintes – si tu es assez courageux pour garder les yeux ouverts, bien entendu !

LE CORPS EN MORCEAUX

Imagine ce qu'est ton corps : une machine alimentée par des plantes mâchées et de la viande et qui se répare elle-même ! Et ce n'est que le début des merveilles de ton formidable corps, comme tu vas le découvrir en plongeant dans ses (bas-) fonds…

Nous avons envoyé les miniscientifiques pour le plus célèbre parcours des horribles circuits touristiques : *dans* le corps d'un humain.

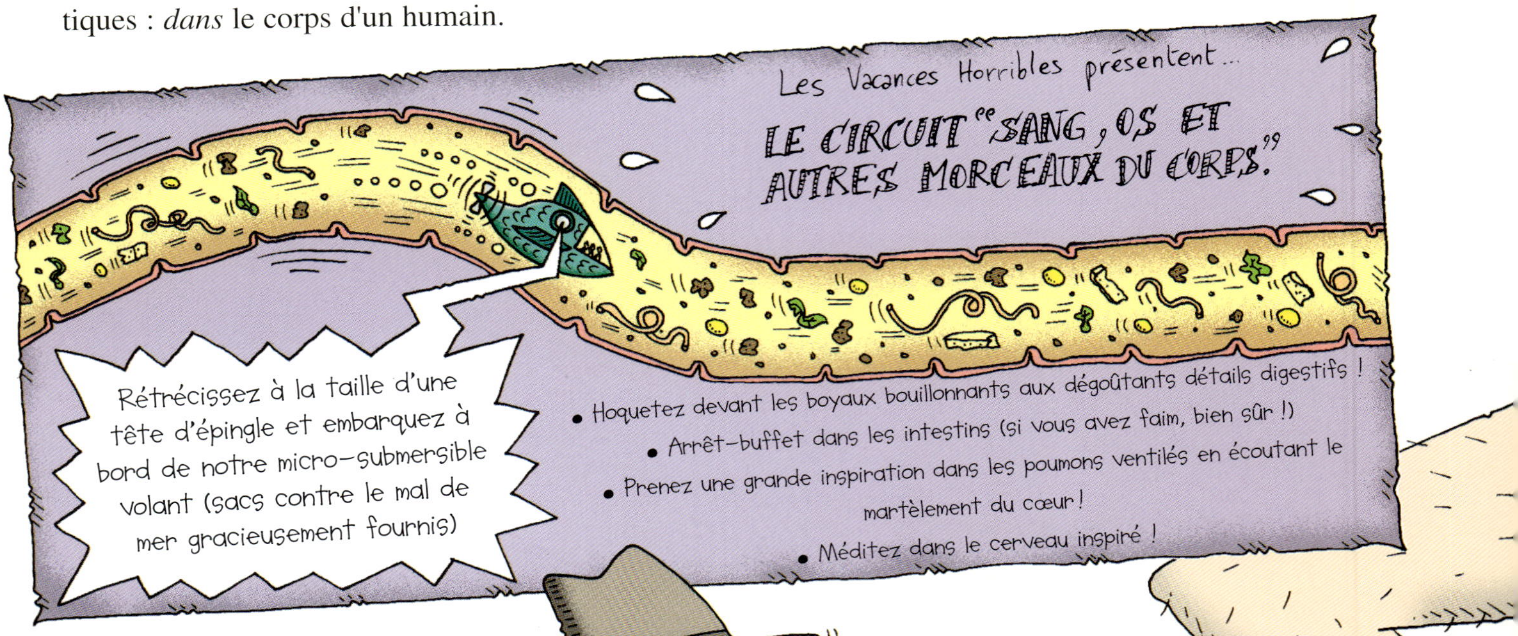

Beeh ! Je me demande qui serait assez près de ses sous pour laisser d'autres personnes regarder son intérieur contre de l'argent !

Le circuit « Os, sang et autres morceaux » – Première partie

Bienvenue dans la plus macabre visite guidée qui n'ait jamais eu lieu ! Avant de partir, veuillez écouter l'annonce de sécurité suivante…

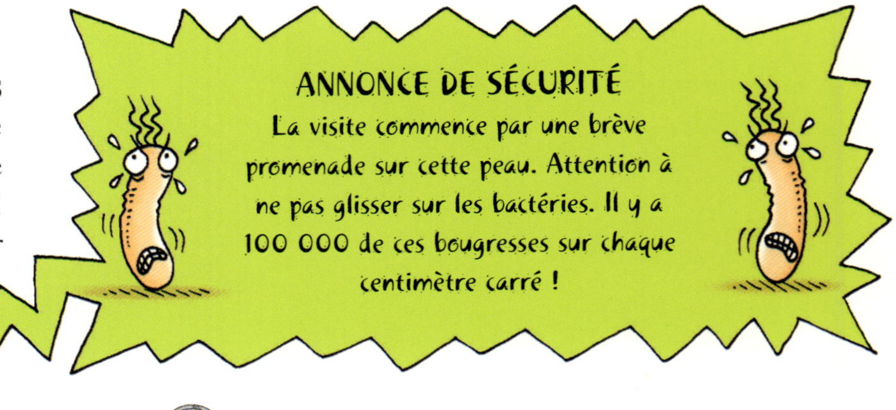

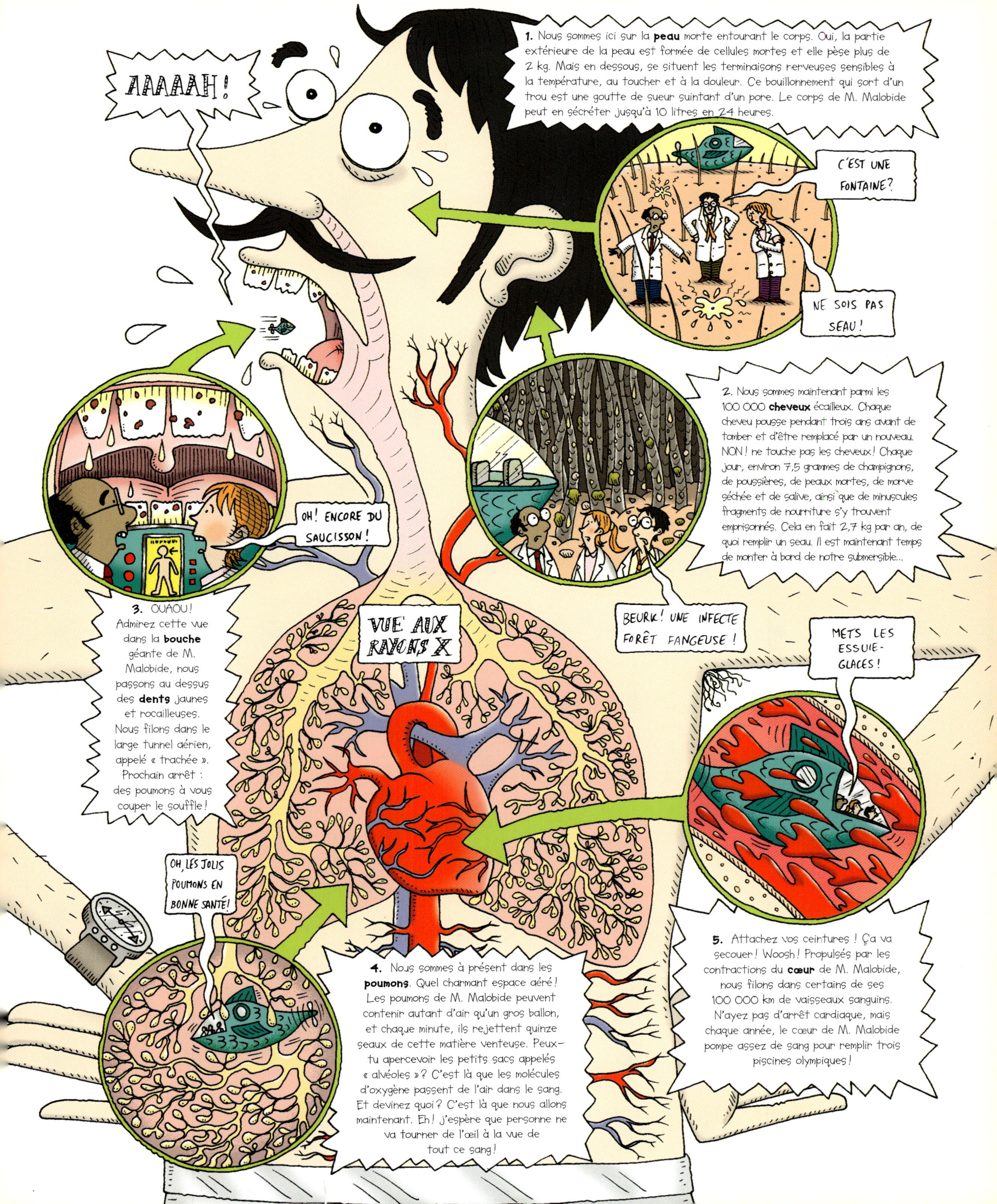
AAAAAH !
1. Nous sommes ici sur la peau morte entourant le corps. Oui, la partie extérieure de la peau est formée de cellules mortes et elle pèse plus de 2 kg. Mais en dessous, se situent les terminaisons nerveuses sensibles à la température, au toucher et à la douleur. Ce bouillonnement qui sort d'un trou est une goutte de sueur suintant d'un pore. Le corps de M. Malobide peut en sécréter jusqu'à 10 litres en 24 heures.
C'EST UNE FONTAINE ?
NE SOIS PAS SEAU !
2. Nous sommes maintenant parmi les 100 000 cheveux écailleux. Chaque cheveu pousse pendant trois ans avant de tomber et d'être remplacé par un nouveau. NON ! ne touche pas les cheveux ! Chaque jour, environ 7,5 grammes de champignons, de poussières, de peaux mortes, de morve séchée et de salive, ainsi que de minuscules fragments de nourriture s'y trouvent emprisonnés. Cela en fait 2,7 kg par an, de quoi remplir un seau. Il est maintenant temps de monter à bord de notre submersible…
BEURK ! UNE INFECTE FORÊT FANGEUSE !
OH ! ENCORE DU SAUCISSON !
3. OUAOU ! Admirez cette vue dans la bouche géante de M. Malobide, nous passons au dessus des dents jaunes et rocailleuses. Nous filons dans le large tunnel aérien, appelé « trachée ». Prochain arrêt : des poumons à vous couper le souffle !
VUE AUX RAYONS X
METS LES ESSUIE-GLACES !
OH, LES JOLIS POUMONS EN BONNE SANTÉ !
4. Nous sommes à présent dans les poumons. Quel charmant espace aéré ! Les poumons de M. Malobide peuvent contenir autant d'air qu'un gros ballon, et chaque minute, ils rejettent quinze seaux de cette matière venteuse. Peux-tu apercevoir les petits sacs appelés « alvéoles » ? C'est là que les molécules d'oxygène passent de l'air dans le sang. Et devinez quoi ? C'est là que nous allons maintenant. Eh ! j'espère que personne ne va tourner de l'œil à la vue de tout ce sang !
5. Attachez vos ceintures ! Ça va secouer ! Woosh ! Propulsés par les contractions du cœur de M. Malobide, nous filons dans certains de ses 100 000 km de vaisseaux sanguins. N'ayez pas d'arrêt cardiaque, mais chaque année, le cœur de M. Malobide pompe assez de sang pour remplir trois piscines olympiques !

LE CIRCUIT « OS, SANG... »
DEUXIÈME PARTIE

Bienvenue dans la deuxième partie de notre angoissant voyage dans les profondeurs du corps. Au cours de cette étape nous allons voir ce qui arrive à la nourriture avalée par M. Malobide. Commençons par son nez. Par quoi ? Bêêêh ! tu ferais mieux de te laver les mains !

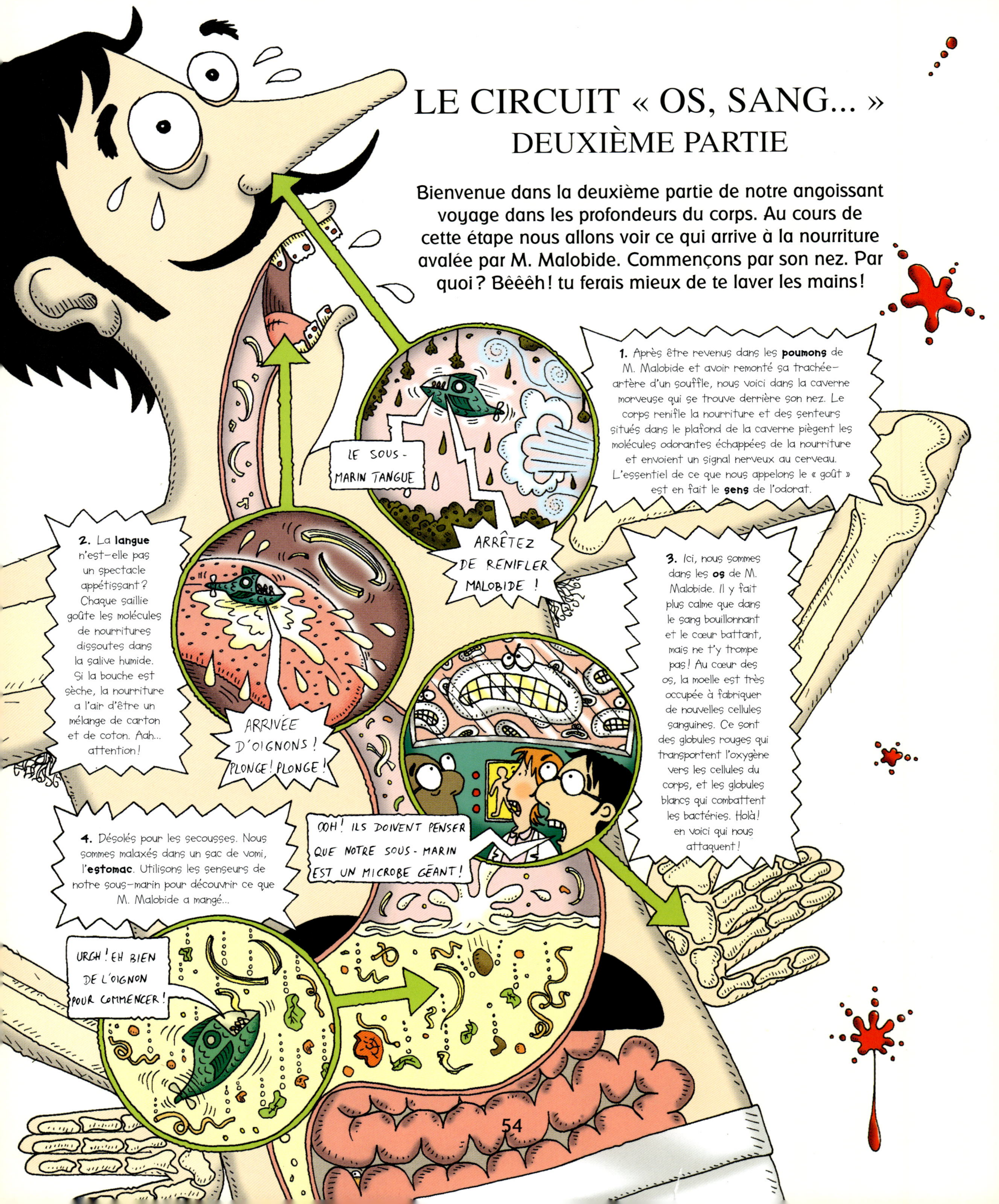

1. Après être revenus dans les **poumons** de M. Malobide et avoir remonté sa trachée-artère d'un souffle, nous voici dans la caverne morveuse qui se trouve derrière son nez. Le corps renifle la nourriture et des senteurs situés dans le plafond de la caverne piègent les molécules odorantes échappées de la nourriture et envoient un signal nerveux au cerveau. L'essentiel de ce que nous appelons le « goût » est en fait le **sens** de l'odorat.

2. La **langue** n'est-elle pas un spectacle appétissant ? Chaque saillie goûte les molécules de nourritures dissoutes dans la salive humide. Si la bouche est sèche, la nourriture a l'air d'être un mélange de carton et de coton. Aah... attention !

3. Ici, nous sommes dans les **os** de M. Malobide. Il y fait plus calme que dans le sang bouillonnant et le cœur battant, mais ne t'y trompe pas ! Au cœur des os, la moelle est très occupée à fabriquer de nouvelles cellules sanguines. Ce sont des globules rouges qui transportent l'oxygène vers les cellules du corps, et les globules blancs qui combattent les bactéries. Holà ! en voici qui nous attaquent !

4. Désolés pour les secousses. Nous sommes malaxés dans un sac de vomi, l'**estomac**. Utilisons les senseurs de notre sous-marin pour découvrir ce que M. Malobide a mangé...

RAPPORT SUR LE CONTENU À MOITIE DIGÉRÉ DE L'ESTOMAC DE M. MALOBIDE

L'estomac de M. Malobide contient les restes d'une saucisse* piquante et d'un oignon, ainsi que du pain et une boisson gazeuse. La nourriture a été en partie digérée et elle est devenue liquide.

Conclusion

Cela paraît écœurant, mais M. Malobide a absorbé toutes les molécules dont son corps a besoin pour rester en bonne santé :

- La saucisse contient des protéines et des graisses.
- L'oignon contient des protéines et des glucides. Des fibres sont aussi présentes sous forme de cellulose. M. Malobide ne peut pas les digérer, mais elles aident sa nourriture à traverser plus vite son intestin.
- La boisson gazeuse contient du sucre et de l'eau. Elle contient aussi du gaz carbonique. Oh ! non ! Cela va faire roter M. Malobide…

*Sapristi ! C'est le saucisson de la page 29 !

À l'aide ! Les rots déclenchent une tempête dans l'estomac ! Bah… j'ai le cœur au bord des lèvres, quelqu'un a un sac en papier ? Oh ! ciel ! Des sources minuscules dans la paroi de l'estomac libèrent de l'acide tout autour de nous pour dissoudre la nourriture, et si nous ne partons pas très vite, nous allons nous faire dissoudre nous aussi !

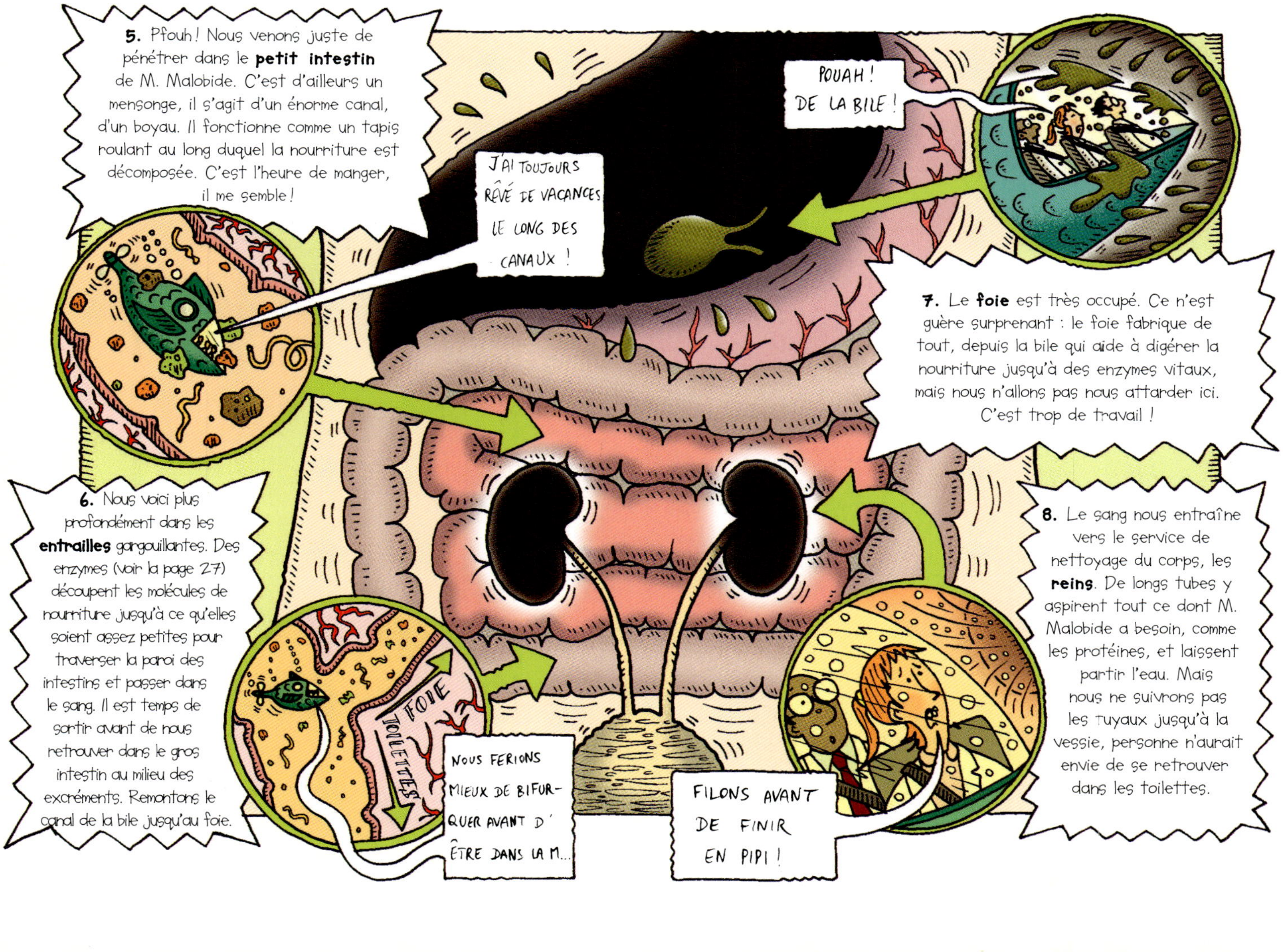

LE CIRCUIT « OS, SANG... »
TROISIÈME PARTIE

Nous voici dans un nerf en direction de la partie du corps la plus importante pour un être pensant... Parfaitement ! Le CERVEAU de M. Malobide. Il est facile de se perdre car les nerfs sont aussi entortillés que les fils du téléphone. Et, comme eux, ils transportent des messages, des signaux du corps au cerveau et des instruction du cerveau aux muscles...

Les muscles massifs

Aïe ! désolé, les gars ! Erreur de direction ! Le muscle est un faisceau d'objets allongés, les fibres, qui se raccourcissent quand le muscle tire sur un os. Au fait, aucun muscle ne peut pousser, mais ils peuvent au moins tirer leur poids, ha ha ! Au cours de notre voyage vers le cerveau de M. Malobide, nous ferons étape dans ses yeux et dans ses oreilles. Cela devrait être un vrai régal pour nos sens...

Les yeux prodigieux

Bienvenue dans les yeux, une expérience qui t'illuminera ! Cet immense globe empli de gelée possède une lentille à l'avant pour concentrer la lumière sur les cellules sensibles à l'arrière. Tu vois ce que je veux dire ?

Les oreilles

Les oreilles sont l'arrangement complexe du tympan, des os et des poils sensibles qui détectent les ondes sonores. Ces ondes dans le mouvement des molécules d'air déclenchent des signaux nerveux qui vont jusqu'au cerveau. Parle à voix basse au fait, sinon tu vas assourdir M. Malobide. Et ne t'enlise pas dans le cérumen jaune et collant.

Le cerveau, enfin !

Et voici le cerveau. Quel organe impressionnant ! Cela laisse à penser, n'est-ce pas ?

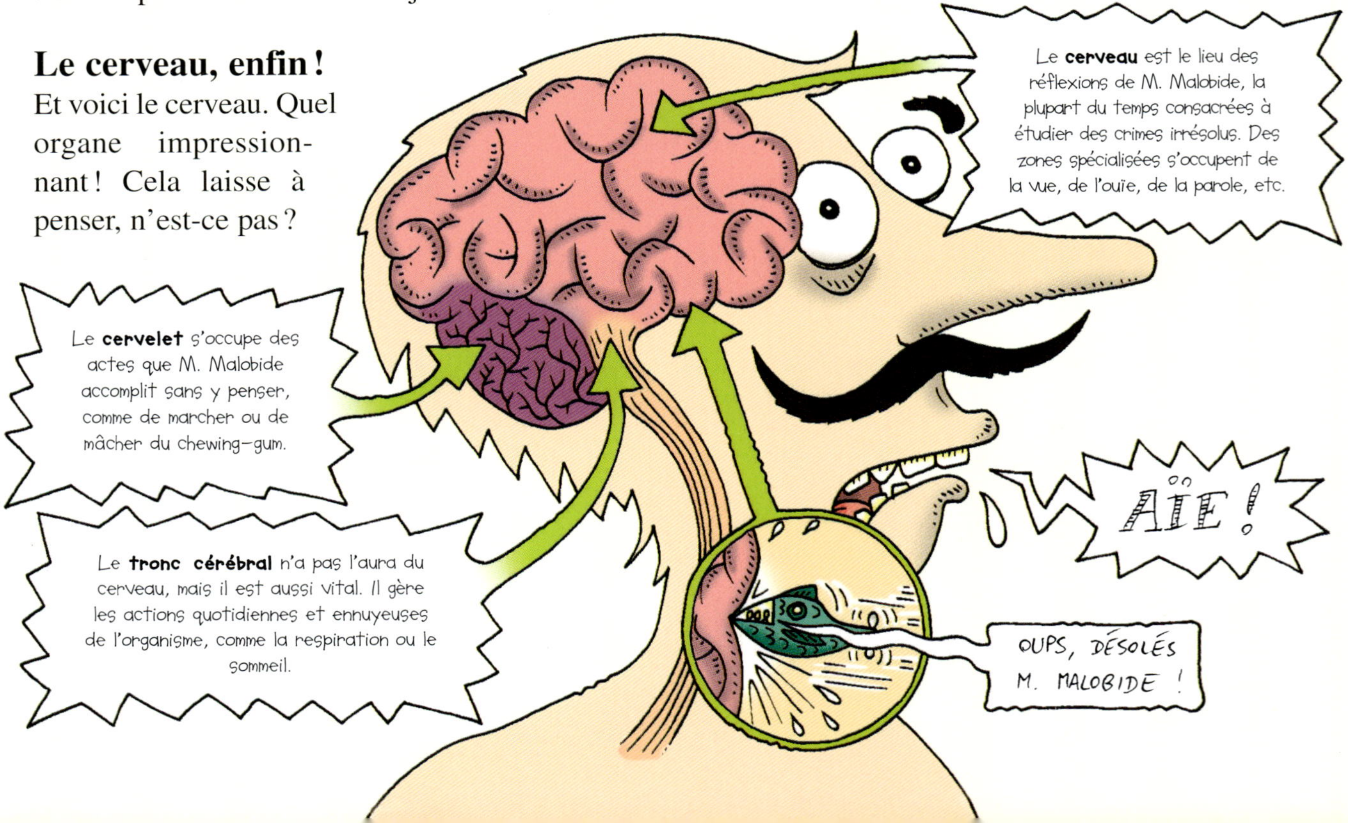

C'est malheureusement la fin de notre voyage ! Rentrons avec le sang jusqu'aux poumons, avant de nous faire expulser du corps par un éternuement.

Le savais-tu ?

Les savants cerveaux ne savent pas comment le cerveau pense et se souvient. Mais ils pensent que c'est peut-être lié au fait que les cellules du cerveau communiquent les unes avec les autres. Comme il y a 60 000 cellules nerveuses dans un minuscule millimètre cube du cerveau et DIX MILLIARDS de connexions possibles entre elles, il est facile de se perdre dans ses pensées.

FELICITATIONS ! Tu as survécu au circuit « Os, sang, etc. » et tu as découvert certaines parties du corps qui t'ont coupé le souffle.

Mais tu n'as jamais vu ce dont le corps est réellement composé. Ton corps a plus de 50 millions de millions (50 000 000 000 000) de cellules, et tu ne pourrais pas vivre sans elles. Examinons-en une de vraiment près. Ah ! en voici une !

Autre excuse embarrassée de l'auteur. Désolé, cher lecteur ! Voici une autre erreur du processus de classement par la taille : nous sommes en train de regarder quelque chose de plus petit au lieu de passer à quelque chose de plus grand. Le service normal sera rétabli dans le prochain chapitre, je te le promets.

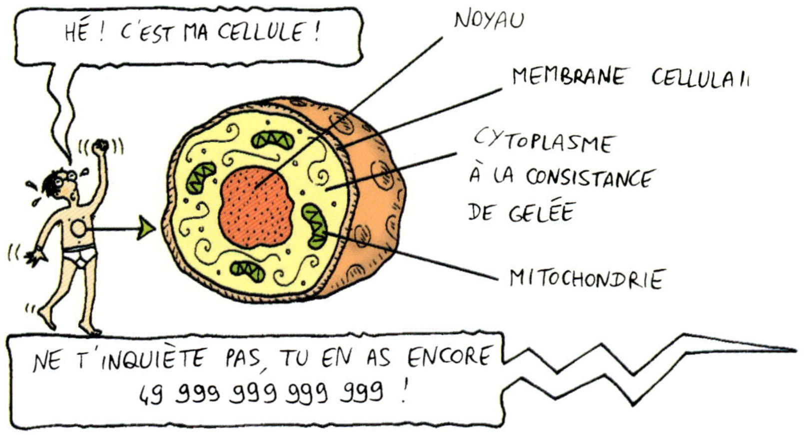

Tu remarques quelque chose ? Eh oui ! cette cellule n'est pas très différente du protiste de la page 29, et elle est tout aussi complexe ! À l'intérieur d'une cellule se trouvent plus de 20 000 types différents de molécules de protéines (peut-être 100 000). Je me demande qui les a comptées.

Mais le secret le plus extraordinaire se trouve dans le noyau. Cet ADN étonnant est en réalité un code secret, mais que signifie-t-il ? Tournons la page et intéressons-nous au décryptage...

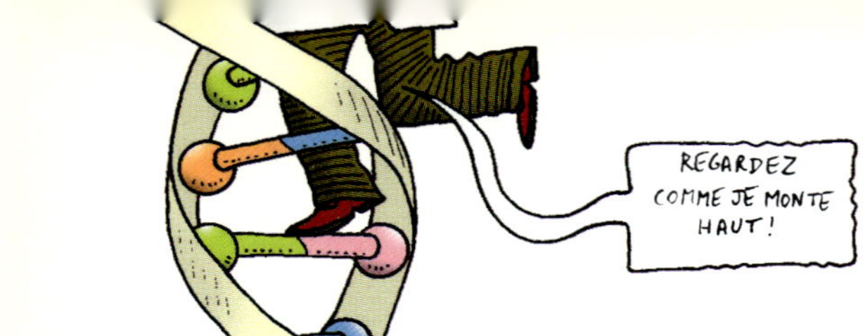

LE CODE ULTRA-SECRET DE L'ADN

Te souviens-tu de l'ADN ? C'est en fait l'abréviation de l'acide désoxyribonucléique. On l'a trouvé dans les microbes et dans les plantes et – devine quoi ? – dans les animaux et les hommes. Cette merveilleuse molécule est le code secret du corps pour fabriquer un autre corps tout neuf, et voilà les miniscientifiques partent en mission pour découvrir comment cela se marche.

Les miniscientifiques dans… « les brillants briseurs de code »

Les détails de l'ADN

Les détails du code sont étonnamment simples. Chaque lettre du code est une paire de bases, mais le code n'utilise que quatre bases : l'adénine, la thymine, la guanine et la cytosine. C'est tellement simple que même un lapin peut le comprendre…

Des groupes de lettres – habituellement quelques milliers environ – donnent des instructions chimiques à la cellule pour qu'elle fabrique une protéine particulière. Et les protéines construisent la cellule… Euh, attends, un des scientifiques veut dire quelque chose… Oui ?

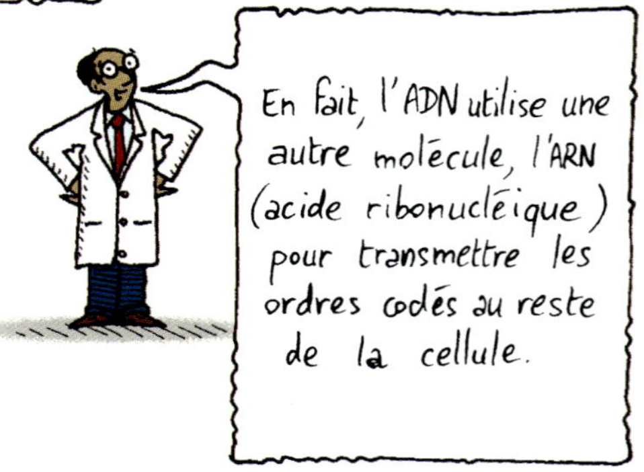

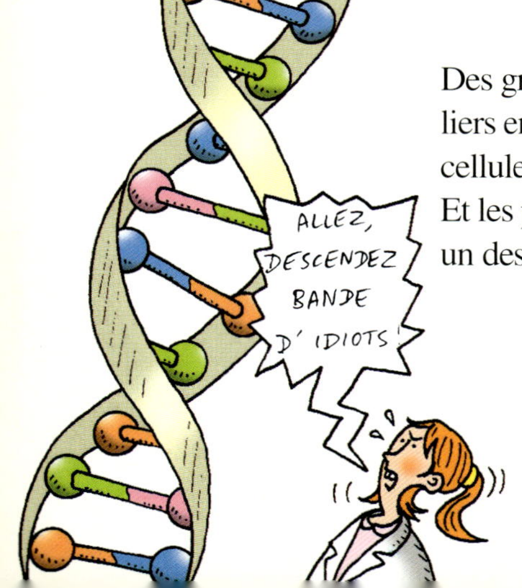

N'est-ce pas typique ? Plus vous apprenez de science et plus les choses deviennent compliquées ! Attention, même l'information élémentaire sur l'ADN est déjà complexe…

SIX FAITS COMPLEXES CRUCIAUX SUR L'ADN

1. La plupart de tes cellules contiennent 1,80 m d'ADN. Tu disposes d'assez d'ADN en toi pour en faire un aller-retour de la Terre au Soleil, plus de 400 fois !

2. Chaque molécule d'ADN est repliée dans une sorte de boule appelée « chromosome », contenant un code de 3 milliards de lettres, assez pour remplir 5000 livres comme celui-ci, mais sûrement bien plus ennuyeux !

3. Les lettres de ton ADN peuvent se combiner de cent milliards de façons, ce qui signifie que ta chance de rencontrer un étranger possédant exactement le même code que toi est de une sur 10 000 (suivi de trois milliards de zéros). Ce n'est donc guère probable.

4. Les codes qui conduisent à la fabrication d'un trait comme la couleur des yeux sont appelés les gènes. Et nul besoin d'être un génie de la génétique pour comprendre que cela n'a rien à voir avec un blue-jean !

5. Tu seras ravi d'apprendre que 30 000 gènes environ sont nécessaires pour fabriquer cette créature merveilleusement complexe, TOI. Mais tu le seras sans doute moins de savoir que cela te place au même niveau que le gazon.

6. Pire encore, les savants ne sont pas très sûrs du rôle de 97% du code de ton ADN. On parle d'« ADN poubelle » pour cette fraction apparemment inutile.

T'es-tu jamais demandé d'où venait ton ADN (y compris le déchet) ? Eh bien, voici un diagramme simple pour le préciser…

Ah ! oui ! je pensais te le dire au prochain chapitre, mais le problème est que tu pourrais être tué en le lisant… Il paraît que des dinosaures affamés rôdent dans les deux prochaines pages, et ils ne sont pas si amicaux que ça !

DANGEREUX DINOSAURES (ET AUTRES FOSSILES EFFRAYANTS)

Vaut-il mieux être plus grand ? Pas nécessairement ! Les dinosaures étaient plus grands que toi, mais je parie qu'ils n'étaient pas aussi intelligents. En fait, je suis certain que ces grands dadais de dinosaures n'auraient même pas été capables de lire ce livre ! Quoi qu'il en soit, ce chapitre traite des dinosaures et autres prédateurs du passé, alors partons à la visite de notre Horrible Dino Parc à nous…

Des personnages familiers
1. Des grenouilles vivaient aux côtés des dinosaures.
2. De même que des libellules !
3. Et des cafards !
4. Et même des crocodiles !

5. Barosaure
TAILLE : 27 m de long (dont 9 pour le cou et 13 pour la queue). Les dinosaures avec de longs cous et de longues queues sont appelés des « **sauropodes** »).
ÉPOQUE : Il vivait il y a 150 millions d'années.
NOURRITURE : Feuilles des arbres (il pouvait se redresser sur ses pattes arrière)
***Détail Horrible* :** Le barosaure avalait les feuilles et les bactéries qu'il avait dans son intestin les décomposaient sous une forme qu'il pouvait assimiler. Je parie que cela entraînait des pets abominables et des rots terrifiants.

6. Tyrannosaurus rex *(un T. rex !)*
TAILLE : 12 mètres de long (de sa mâchoire impressionnante au bout de sa terrible queue)
ÉPOQUE : Il vivait il y a 65 millions d'années.
NOURRITURE : N'importe quel dinosaure herbivore, et n'importe quel dinosaure mort s'il pouvait y planter ses gigantesques mâchoires.
***Détail Horrible* :** Le tyrannosaure se nourrissait en arrachant d'énormes bouchées de viande d'un grand coup de gueule. Chaque bouchée aurait pu nourrir une famille humaine pendant un mois, mais cet effrayant dinosaure avait mauvaise haleine, et tu n'aurais pas aimé que ton repas soit couvert de bave odorante de *T. rex*…

7. Stégosaure
TAILLE : 9 m de long
ÉPOQUE : Il vivait il y a 150 millions d'années.
NOURRITURE : Des plantes juteuses.
***Détail Horrible* :** Un renflement nerveux près de la queue contrôlait sans doute ses pattes. Ce renflement était plus gros que le cerveau gros comme une noix de ce dinosaure stupide.

8. Il y avait beaucoup de volcans à la fin de l'ère des dinosaures.

9. Les herbes n'étaient pas encore apparues du

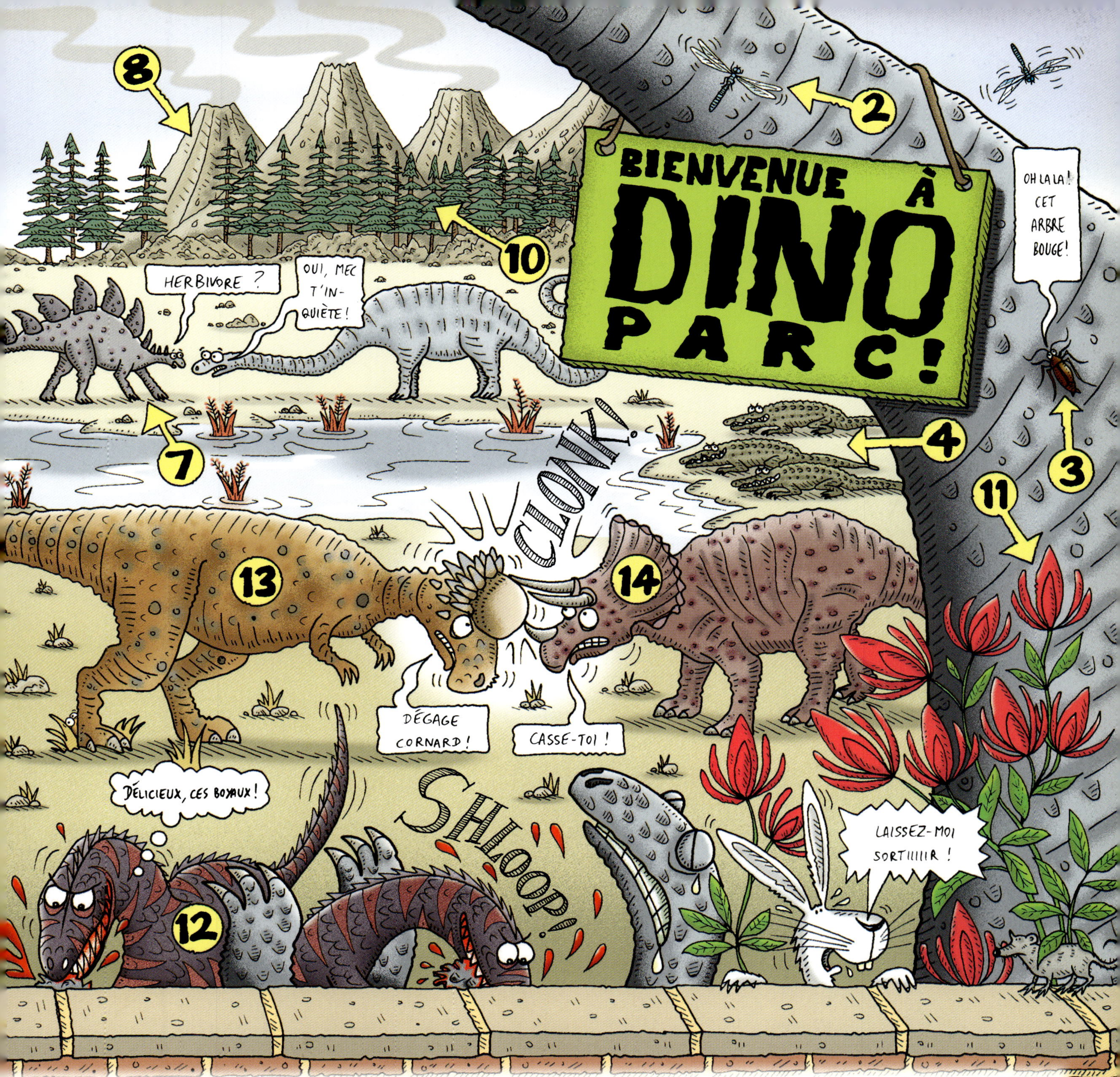

temps des dinosaures, mais il y avait beaucoup de fougères…

10. .. et des conifères à mâcher.

11. Les plantes à fleurs sont apparues il y a 100 millions d'années. Dans les années 1930, le savant Ernest Baldwin suggéra que les plantes contenant des huiles laxatives étaient alors devenues plus rares et que les dinosaures herbivores moururent de constipation. Puis que les carnivores moururent de faim. Au temps des dinosaures, les mammifères passaient leur vie à se cacher des terribles dinosaures. Peux-tu identifier le **mégazostrodon** sur cette image ?

12. Deinonychus
TAILLE : 3 m de long
ÉPOQUE : Il vivait il y a 113 millions d'années.
NOURRITURE : Il chassait en meute et bondissait sur les gros herbivores.
Détail Horrible **:** Cet effroyable dinosaure possédait sans doute des plumes. Il éventrait sa victime de sa terrible griffe et en avalait les boyaux palpitants. Quelqu'un veut une saucisse ?

13. Pachycephalosaurus
TAILLE : 5 m de long (estimation basée sur la taille de son crâne).
ÉPOQUE : Il vivait il y a 65 à 68 millions d'années.
NOURRITURE : Des plantes et peut-être des animaux morts.
Détail Horrible **:** Son nom signifie le « lézard à la tête dure ». Les mâles se livraient sans doute à des combats en « tête à tête » pour les femelles lors de la saison des amours, et il faut vraiment avoir la tête dure pour se livrer à des tels jeux !

14. Tricératops
TAILLE : 9 m de long
ÉPOQUE : Il vivait il y a 65 à 67 millions d'années.
NOURRITURE : Des plantes dures.
Détail Horrible **:** Des dents de tricératops ont été trouvées dans des roches apparues après la disparition des dinosaures. On pense que ces dents ont été arrachées par l'érosion de roches plus anciennes.

LA SCIENCE DES FUNÈBRES DINOSAURES

Les dinosaures sont passionnants, mais la Science horrible qui se cache derrière eux est encore plus fascinante. Pour illustrer cette vérité, nous allons regarder de plus près un T. rex affamé, mais rencontrons d'abord le savant sagace qui a inventé le nom de « dinosaure »…

C'est Owen qui baptisa les dinosaures d'un nom ERRONÉ. Tu vois, le mot « dinosaure » veut dire « lézard terrible » en grec, mais tu vas découvrir que les dinosaures n'ont rien à voir avec les lézards ! Jeune homme, Richard était un révolté et il suivit des études médicales. À cette époque, son passe-temps favori était de découper des cadavres. Un jour, il laissa tomber dans la rue la tête d'un homme et celle-ci alla rouler dans un jardin… Je pense que c'est à ce moment là qu'il décida qu'il valait mieux étudier les os des animaux anciens.

Et, à propos d'os anciens, est-ce que tu t'es déjà demandé ce qu'était un fossile ? Non, ce n'est pas un autre mot pour désigner ton professeur de préhistoire !

FAITS FASCINANTS SUR LES FOSSILES

1. Pour former un fossile, les os doivent être recouverts de boue ou de sable puis se décomposer. C'est très rare et en fait 99,9 % des dinosaures ne sont jamais devenus des fossiles.

2. Les savants ont découvert les fossiles d'environ 250 000 espèces différentes de plantes et d'animaux. Cela semble TERRIBLEMENT impressionnant, jusqu'à ce que l'on apprenne qu'il a peut-être vécu sur la Terre, au cours de son histoire, plus de cinq milliards d'espèces. Et elles ont pratiquement toutes disparu sans laisser de traces !

3. En fait, c'est incroyable tout ce qui peut être fossilisé ! Les savants ont découvert des œufs de dinosaures, des excréments de dinosaures et même du vomi d'un ancien reptile marin… Sans doute un malado-saure.

Bon, revenons au laboratoire de la Science horrible, où nous faisons justement passer à un T. rex un examen aux rayons rex – euh, je veux dire aux rayons X. Hum ! est-ce vraiment une bonne idée ?

L'ÉVOLUTION A LA PORTÉE DE TOUS

L'évolution explique comment les animaux changent au fil des milliers d'années. Dans un instant nous allons rencontrer le sensationnel savant cerveau qui imagina ce principe, mais répondons d'abord à cette question de la page 59 sur l'origine de l'ADN. Nous invitons nos lecteurs à revenir contempler leur arbre généalogique…

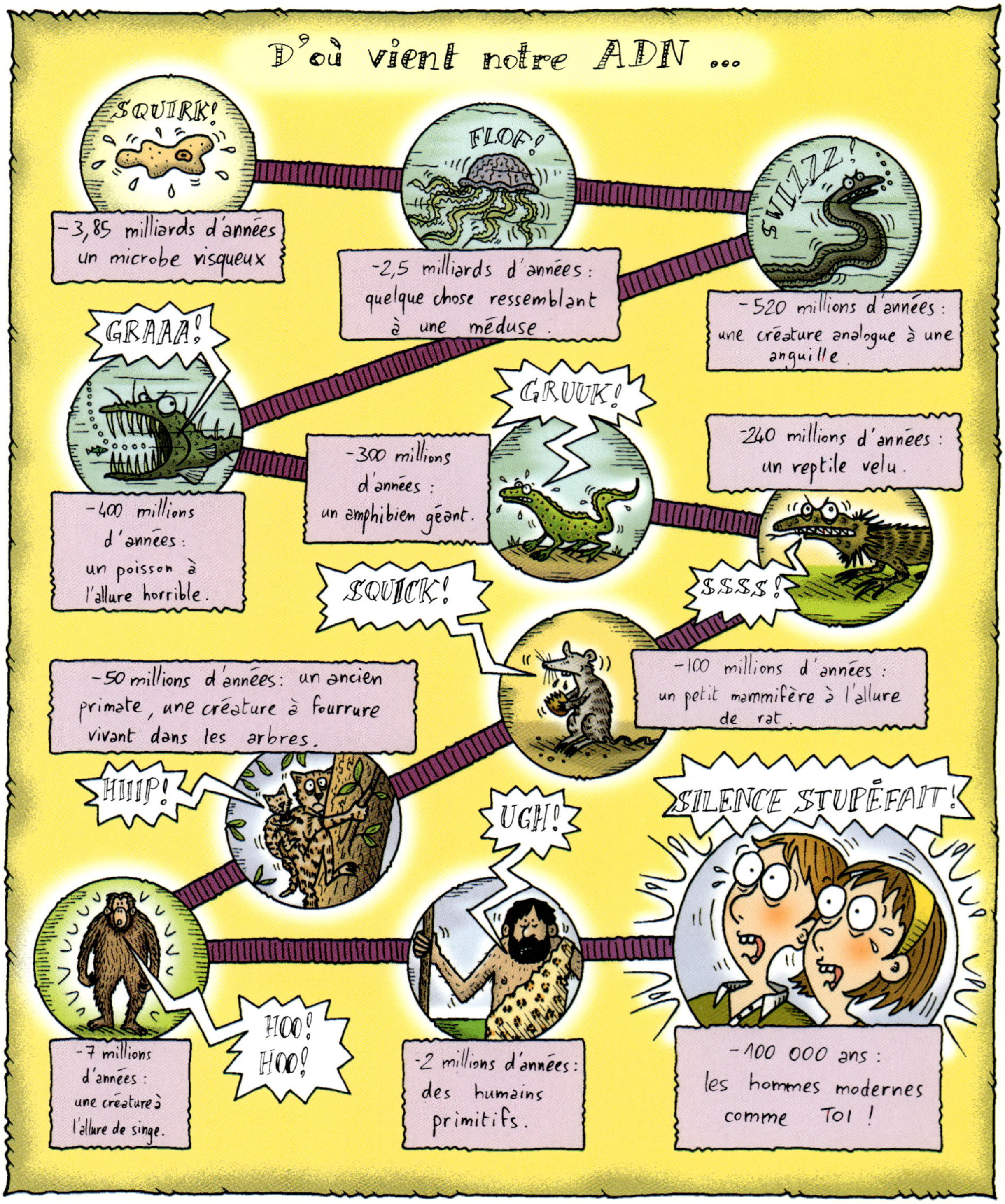

Et voici les fascinants faits sur la manière dont ces créatures ont évolué au cours du temps pour aboutir à toi…

FICHE SENSATIONNELLE
Nom : Comment marche l'évolution

LES BASES :

- L'ADN est le code qui contrôle ton apparence, tu t'en souviens ?
- Chaque animal a son propre code ADN particulier qu'il transmet à ses jeunes.
- Le code de l'ADN peut être modifié, par exemple par des produits chimiques toxiques. D'autres changements peuvent survenir quand l'ADN est recopié pour fabriquer de nouvelles cellules. Les changements du code font que les rejetons seront différents.
- Pour un animal, chaque jour est un combat pour trouver de la nourriture et pour éviter de servir de nourriture à un autre (si tu ne me crois pas, demande à Monsieur Peluche).

Les animaux qui possèdent des caractéristiques propres à les aider dans ce combat ont plus de chance de se reproduire et de transmettre ces avantages par leur ADN.

- Au fil du temps, tous les animaux de cette espèce bénéficieront de nouvelles caractéristiques améliorées.

LE DÉTAIL QUI TUE :
Si une seule, parmi toutes ces créatures qui furent tes ancêtres, ne s'était pas reproduite et n'avait pas transmis son ADN, tu n'existerais pas aujourd'hui !

Hum… quelle idée incroyable ! Je parie que tu adorerais rencontrer le génie qui a imaginé tout cela…

Le père de Charles avait dit à son fils : « Tu seras un raté à tes yeux et à ceux de ta famille. » Il n'appréciait pas que son fils prenne plaisir à chasser et à attraper des rats, mais en réalité le jeune Darwin s'intéressait aussi à la science. Il était surnommé « gaz » parce qu'il aimait la chimie, et il s'intéressa ensuite à la nature.

Les idées de Darwin sur l'évolution prirent forme au terme d'un voyage de cinq ans qu'il effectua autour du monde quand il était jeune homme, mais il ne les rendit publiques qu'en 1858. La tâche aurait été plus facile pour lui s'il avait connu les gènes, mais ils ne devinrent bien connus qu'après 1900.

Le savais-tu ?

Avant d'écrire son livre sur l'évolution, Darwin passa huit ans à étudier les anatifes, ces crustacés à l'allure de coquillages. Il en conservait des milliers dans des réservoirs chez lui. J'imagine qu'ils devinrent vite encombrants, et que sa femme s'en plaignait.

JOUR J POUR LES DINOSAURES

Et maintenant une pensée horrible : 99,9 % de toutes les espèces qui ont vécu sont éteintes. Il y a soixante-cinq millions d'années, ce fut le tour des dinosaures. Certains savants pensent que la Terre fut giflée par un astéroïde de plusieurs kilomètres de diamètre.

Voici comment un jeune pachycéphalosaure aurait pu se souvenir du désastre…

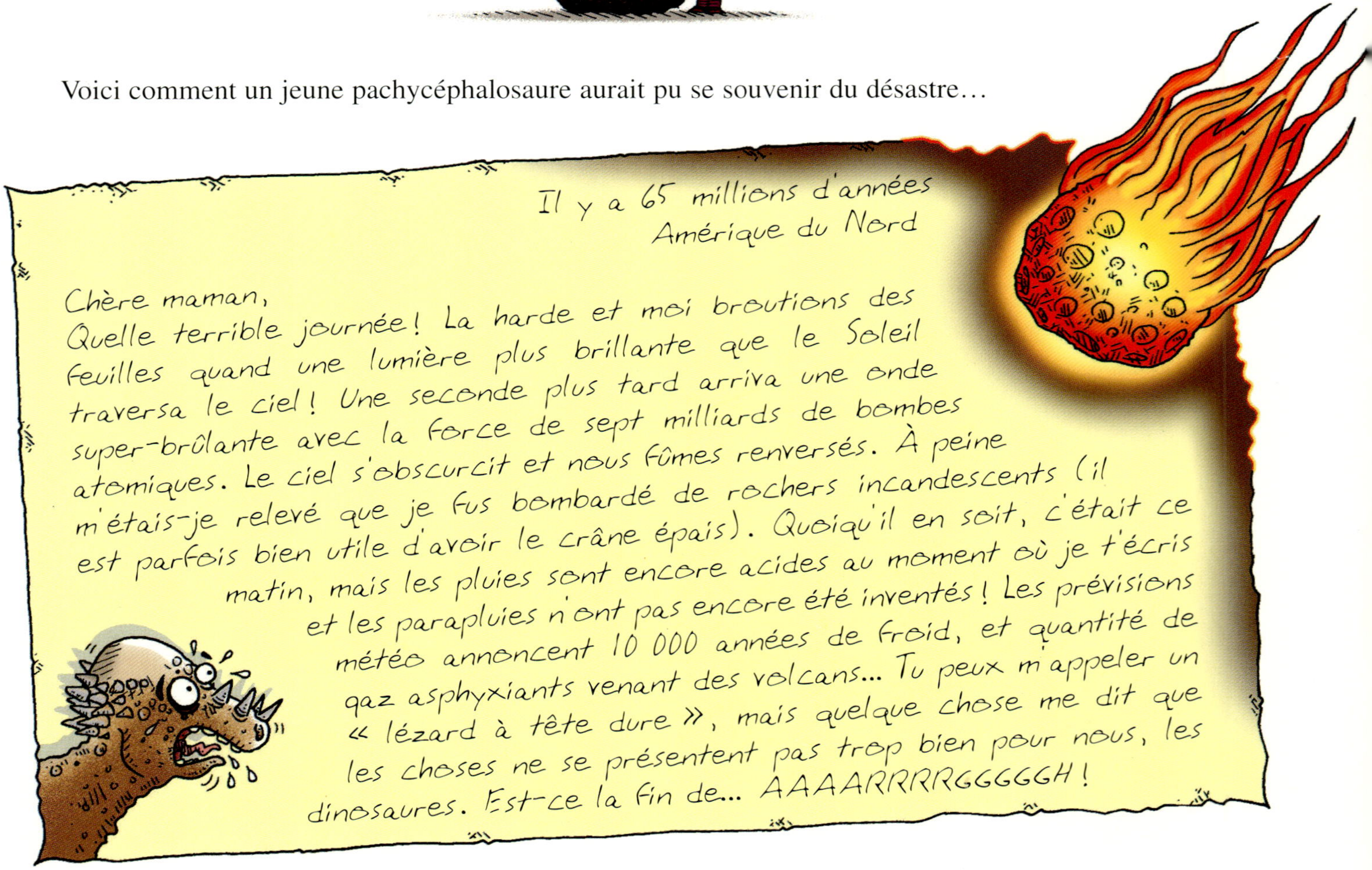
Il y a 65 millions d'années
Amérique du Nord

Chère maman,
Quelle terrible journée ! La harde et moi broutions des feuilles quand une lumière plus brillante que le Soleil traversa le ciel ! Une seconde plus tard arriva une onde super-brûlante avec la force de sept milliards de bombes atomiques. Le ciel s'obscurcit et nous fûmes renversés. À peine m'étais-je relevé que je fus bombardé de rochers incandescents (il est parfois bien utile d'avoir le crâne épais). Quoiqu'il en soit, c'était ce matin, mais les pluies sont encore acides au moment où je t'écris et les parapluies n'ont pas encore été inventés ! Les prévisions météo annoncent 10 000 années de froid, et quantité de gaz asphyxiants venant des volcans... Tu peux m'appeler un « lézard à tête dure », mais quelque chose me dit que les choses ne se présentent pas trop bien pour nous, les dinosaures. Est-ce la fin de... AAAARRRRGGGGGH !

Mais la fin des dinosaures fut une bonne nouvelle pour NOUS. Pendant l'ère des dinosaures, tes ancêtres étaient petits, timides et terrifiés. Mais après ce que fit l'astéroïde aux dinosaures, les mammifères sortirent de leurs terriers et conquirent la Terre. Eh oui ! s'il n'y avait pas eu ce charmant bloc de rocher tombé du ciel, peut-être ferais-tu cinq centimètres de long et vivrais-tu dans un trou…

Après les dinosaures, tout un éventail de curieuses créatures se mirent à évoluer…

1. Titanis était un terrifiant oiseau carnivore de 2,5 m de haut qui vivait il y a cinquante millions d'années. Il semble avoir été assez féroce pour donner à ton chat des troubles de la personnalité, et je parie qu'il avait un caractère rapace.

2. Imagine un hamster de la taille d'un buffle hargneux. Des savants ont trouvé les restes de cette créature en 2002 au Venezuela. Sois content de ne pas avoir eu à nettoyer sa cage.

3. Le paracérathérium était, il y a 35 millions d'années, une sorte de rhinocéros de la taille d'une maison. Avec ses huit mètres de long, ce fut le plus grand mammifère terrestre de tous les temps.

4. Le procoptodon d'Australie était un kangourou tueur de 3 m de haut. S'il te prenait au passage, tu serais bon pour le grand saut.

… et finalement...

Il y a sept millions d'années, en Afrique, un primate obscur se mit debout et apprit à fabriquer des outils. Il devint progressivement plus intelligent, il évolua en une nouvelle espèce qui apprit à utiliser le feu, à porter des vêtements, à faire pousser des récoltes, à lire des livres comme *La Science Horrible* et à devenir TOI. Voilà ce que j'appelle un progrès ! Le savant africain Ahounta Djimdoumalbaye découvrit en 2001 les restes d'un primate préhistorique qui vivait il y a sept millions d'années en Afrique centrale. Il s'agit peut-être de l'un de nos ancêtres les plus lointains.

Et voilà où nous en sommes. Pour le moment, nous dominons la planète et nous nous débrouillons bien. Mais pourrions-nous suivre la voie des dinosaures ? À long terme, les choses n'ont pas l'air si favorables…

Le savais-tu ?

Les extinctions peuvent arriver par bouffées. Le désastre qui anéantit les dinosaures élimina aussi 70 % de toutes les espèces de la Terre. Il y a 250 millions d'années, quelque chose de vraiment sauvage détruisit 96 % des espèces ! Certains savants pensent que de gigantesques éruptions volcaniques émirent dans l'atmosphère d'immenses quantités de gaz, comme du gaz carbonique, changeant la chimie des mers et tuant leurs habitants.

Attention ! Notre jolie planète bleue a de bien mauvaises habitudes cachées. Pour en savoir plus, nous avons envoyé l'un des miniscientifiques dans le cœur brûlant du prochain chapitre…

LA TERRE EXPLOSIVE

Notre voyage depuis l'effroyablement infime jusqu'à l'horriblement immense nous a enfin amené à quelque chose d'amplement étendu, la planète Terre. Dans ce chapitre terre à terre, nous allons explorer des coins de la Terre dont tu ignorais l'existence, et lâcher Monsieur Peluche dans un trou très profond. Mais prenons d'abord en main une fourchette et un couteau géants pour découper une grande tranche de la planète…

La planète Terre en un coup d'œil…

Diamètre d'est en ouest : **12 756 km**

Diamètre du nord au sud : **12 713 km**

Circonférence du pôle Nord au pôle Sud et retour : **40 009 km**

Circonférence autour de l'équateur : **40 077 km**

Poids : Un peu moins de **6 000 millions de millions de millions de tonnes**

Âge : **4,6 milliards d'années**

Le savais-tu ?

Quand des plaques continentales se poussent les unes les autres, elles forment des montagnes, et cela tombe bien car sans elles nous serions sous neuf kilomètres d'eau et les poissons gouverneraient le monde !

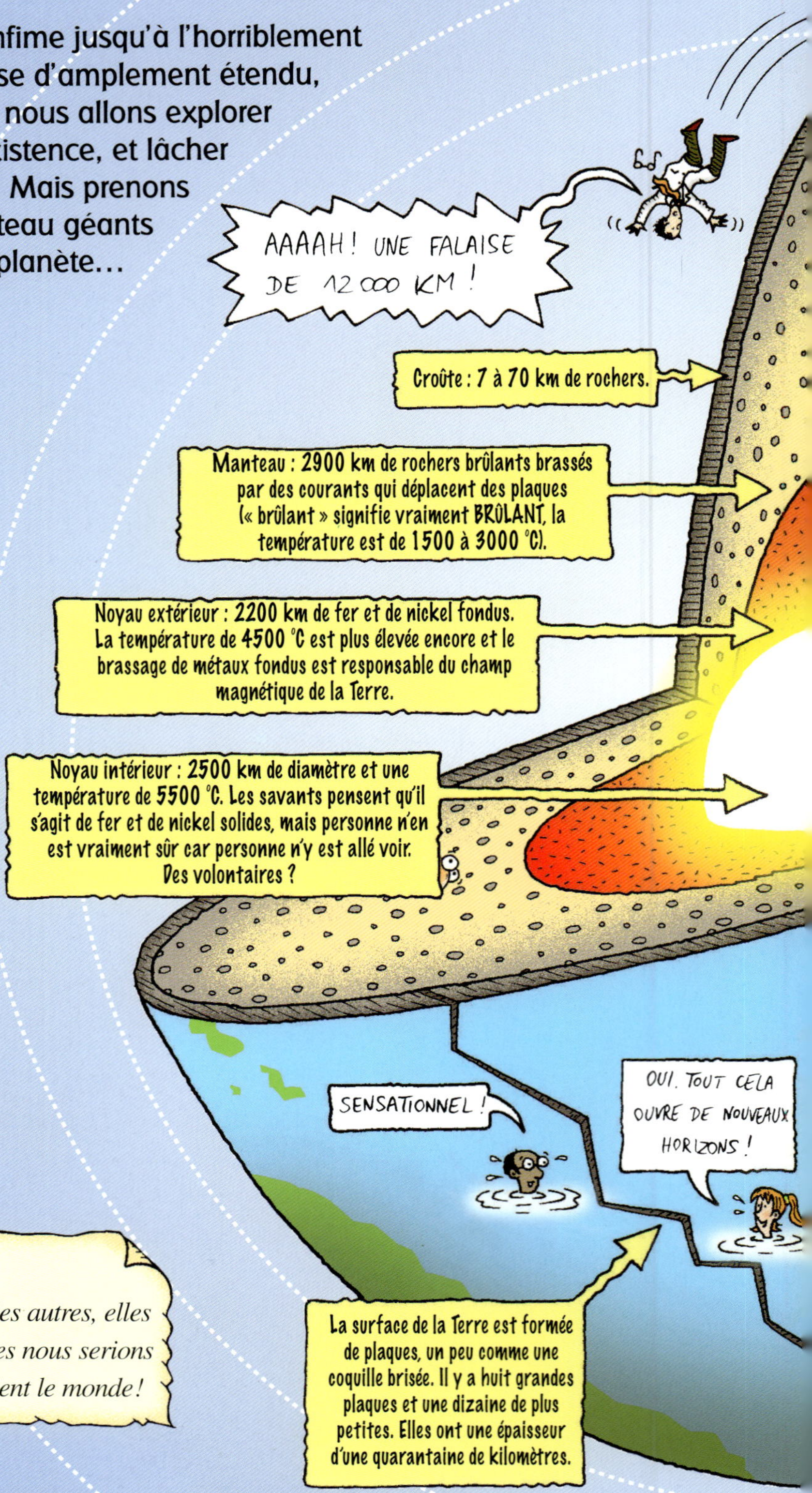

Une terrible expérience de pensée : un lapin dans un trou

Imagine que tu creuses un trou traversant droit la Terre, que tu emmènes Monsieur Peluche en avion et que tu le largues dans le trou. Inutile de me téléphoner pour protester, ce n'est qu'une expérience de pensée !

Les gens de l'autre côté de la Terre verraient le lapin sortir du trou comme une fusée et remonter presque aussi haut que son altitude initiale.

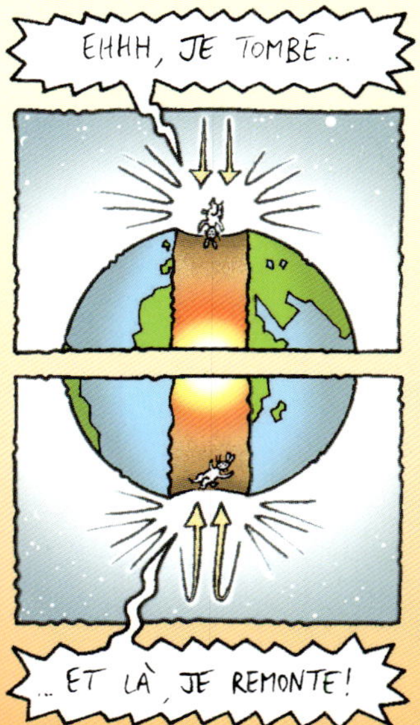

Puis il replongerait dans le trou et il en ressortirait de ton côté presque aussi haut que son point de départ.

Après avoir effectué ainsi un certain nombre d'allers et retours, Monsieur Peluche finirait par flotter au centre de la Terre.

Presque toute la gravité de la Terre vient du manteau et du noyau, et cela signifie qu'au centre de la planète, la force de la gravité est la même dans toutes les directions. Cela veut dire que Monsieur Peluche n'y pèse plus rien. Hé ! cela veut dire que nous ferions mieux de le récupérer avant qu'il ne soit rôti !

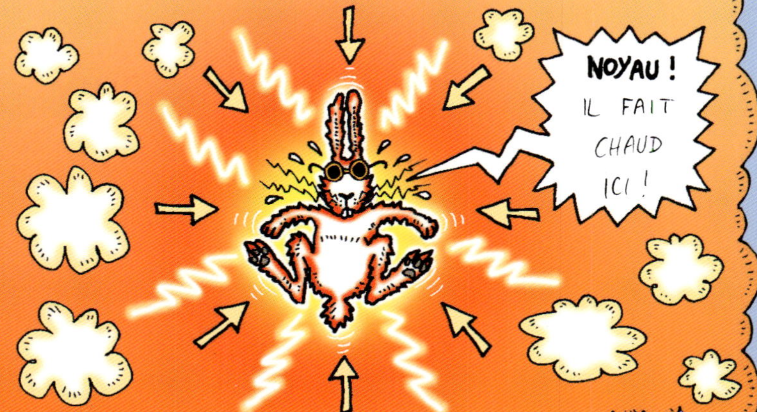

MESURES DÉSESPÉRÉES POUR LA TERRE

Il est facile de trouver la taille et la forme de la Terre dans ce livre, mais il y a quelques siècles, les savants n'étaient pas sûrs de les connaître exactement. Et ils endurèrent des difficultés extrêmes pour les découvrir…

En 1735, Pierre Bouguer, Charles de La Condamine et un groupe de savants français s'embarquèrent pour l'Équateur, en Amérique du Sud, pour déterminer la forme exacte de la Terre. Le calcul de la gravitation de la Terre suggérait qu'elle devait être un peu renflée à l'Équateur et un peu aplatie aux pôles. Mais était-ce vrai ? Eh bien voilà à quoi aurait pu ressembler le journal tenu par Bouguer…

1736
Cher journal,
Nous sommes arrivés à Quito et je suis impatient de me mettre au travail ! Notre projet est de mesurer exactement un degré de la circonférence de la Terre pour en déterminer son périmètre complet et vérifier si elle est renflée. Un jeu d'enfant pour un savant aussi brillant que moi !

1737
Cher journal,
UN DÉSASTRE ! Nous nous sommes brouillés avec les gens du cru et ils nous ont chassés de la ville. Notre médecin a été assassiné, un des savants de l'équipe est devenu fou et un autre s'est enfui pour ne jamais revenir. Certains d'entre nous sont morts et la pluie ne s'arrête jamais. Ce voyage n'était peut-être pas une si bonne idée que ça !

1741
Cher journal,
Les choses iraient mieux si nous pouvions travailler ensemble, mais ce n'est pas près d'arriver avec M. « J'ai la grosse tête, je suis un explorateur célèbre, tra-la-la » La Condamine ! Il a bâclé ses mesures, mais il refuse d'admettre qu'il s'est trompé. Et maintenant, nous ne nous parlons plus. Grrr !

1743
Cher journal,
Enfin ! Après huit ans d'efforts, j'ai terminé mes mesures. Mais je viens d'apprendre qu'une autre expédition a déjà démontré que la Terre est renflée à l'équateur et aplatie aux pôles. Nous avons donc perdu notre temps.
Je me sens quelque peu aplati moi-même.

Tu seras heureux d'apprendre que Bouguer et La Condamine sont rentrés en France sains et saufs. Même s'ils ont dû voyager sur des navires différents.

Une question DE POIDS

Pendant ce temps, d'autres savants étaient très affairés à peser la Terre. En 1774, l'astronome Nevil Maskelyne (1732-1811) passa un été sous une tente en Écosse à proximité d'une montagne sous la pluie et dévoré par les insectes. Voici ce qu'il essayait de faire…

Mon plan pour peser la Terre (par Nevil Maskelyne)

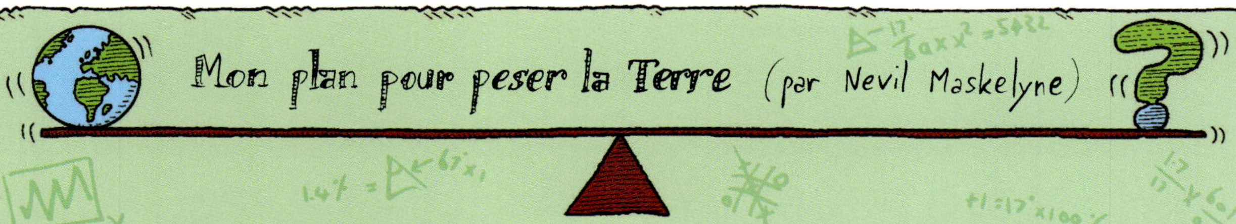

1. Je mesure l'attraction d'une montagne sur un fil à plomb.
2. Je calcule le volume de la montagne et je déduis son poids.
3. Je calcule le volume de la Terre et j'en déduis le poids et la gravité par une règle de trois.
4. Je deviens incroyablement célèbre.

Note à moi-même : Me souvenir d'acheter une lotion contre les insectes et un parapluie.

Finalement toutes ces souffrances et ces mathématiques furent inutiles. Un incendie détruisit la tente de Maskelyne (et le violon d'un musicien local). Et la valeur que l'astronome donna pour la masse de la Terre était FAUSSE de mille six cents millions de millions de millions de tonnes.

En 1794, ce très étrange savant mesura la Terre bien plus précisément sans sortir de chez lui. Ce fou de Cavendish ne parlait jamais que de science, et s'il ne voulait pas parler, il beuglait et partait en courant. Quoi qu'il en soit, il mesura l'attraction gravitationnelle entre des petites et des grosses sphères de métal et utilisa ses résultats pour montrer que la Terre pesait six mille millions de millions de millions de tonnes.

Cavendish était parvenu à un résultat presque exact. Nous lui avons demandé comment il se sentait…

BIENVENUE AU PLUS GRAND « QUESTION POUR UN CHAMPION » SUR (LA) TERRE

1er round

Où sur la Terre ?

Où, sur la Terre, se trouvent les sites suivants ?

1. La plus haute chute d'eau du monde.

2. La plus longue chaîne de montagne.

3. Les plus anciennes roches.

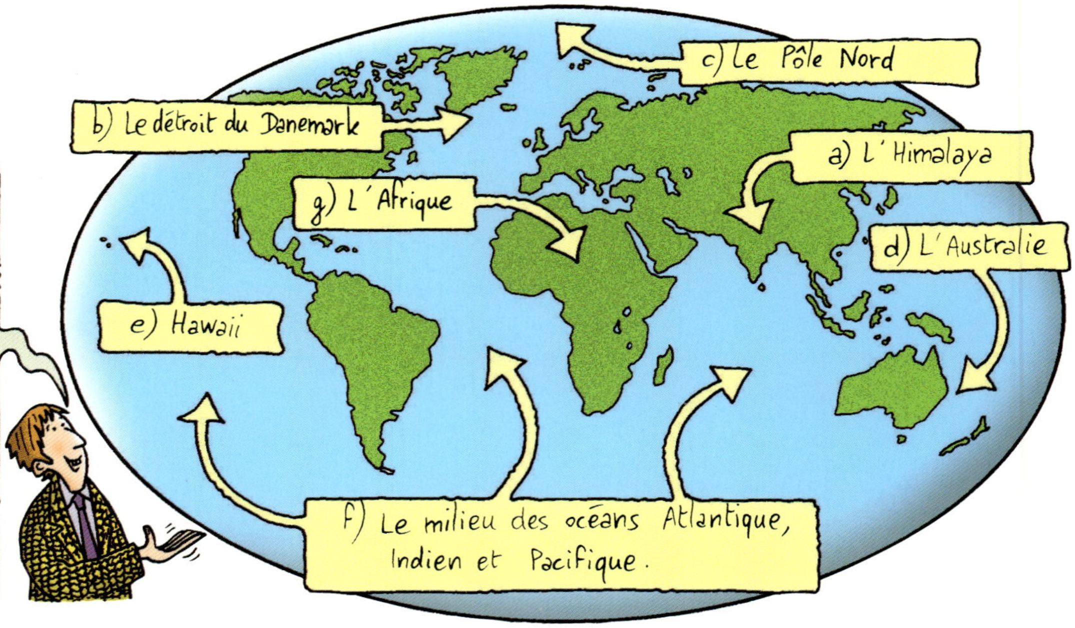

Réponses du premier round :

1 b) Eh oui ! La plus haute chute d'eau du monde se trouve en effet sous l'eau ! Le détroit du Danemark, entre l'Islande et le Danemark, est une chute d'eau de 3 500 m de haut où les eaux froides de la mer du Nord passent sous les eaux plus chaudes (et plus légères) qu'elles rencontrent. Les eaux froides forment une rivière sous-marine de 1 000 kilomètres de long.

2 f) Cette très longue chaîne de montagnes s'étend sur toute la longueur de ces océans. Elle marque le point où les plaques s'écartent et où de la roche en fusion jaillit vers la surface. Hawaii, les Açores et les îles Canaries sont des montagnes particulièrement hautes.

3 d) Oui, elle est vieille de 4,3 milliards d'années. À propos, si tu te demandes comment les savants connaissent l'âge d'une roche, sans avoir à lui demander, tout ce qu'ils ont à faire, c'est de mesurer la quantité d'uranium (tu te souviens de cet élément depuis la page 17 ?) qu'elle contient. Les atomes d'uranium se désintègrent et se convertissent finalement en plomb à un rythme constant, que les savants mesurent. C'est facile, quand on connaît le truc !

2e round

Humide, humide, toujours plus humide !

Voici ce qui arrive à une molécule d'eau sur la planète Terre. Mais lesquels de ces faits sont vrais et lesquels se liquéfient si on les regarde de près ? VRAI ou FAUX ?

1. Une goutte d'eau peut passer mille ans sous terre.

2. Si toute la pluie de tous les nuages pouvait être mise en seaux, tu en aurais assez pour en faire une chaîne d'ici à la planète Neptune… et retour.

3. Il est vrai que l'eau use les roches, cela s'appelle l'« érosion ». Mais est-il vrai que les chutes du Niagara rabotent les rochers desquels elles s'élancent de 1,1 m tous les mille ans?

4. De l'eau neuve tombe tous les jours sur la Terre depuis l'espace.

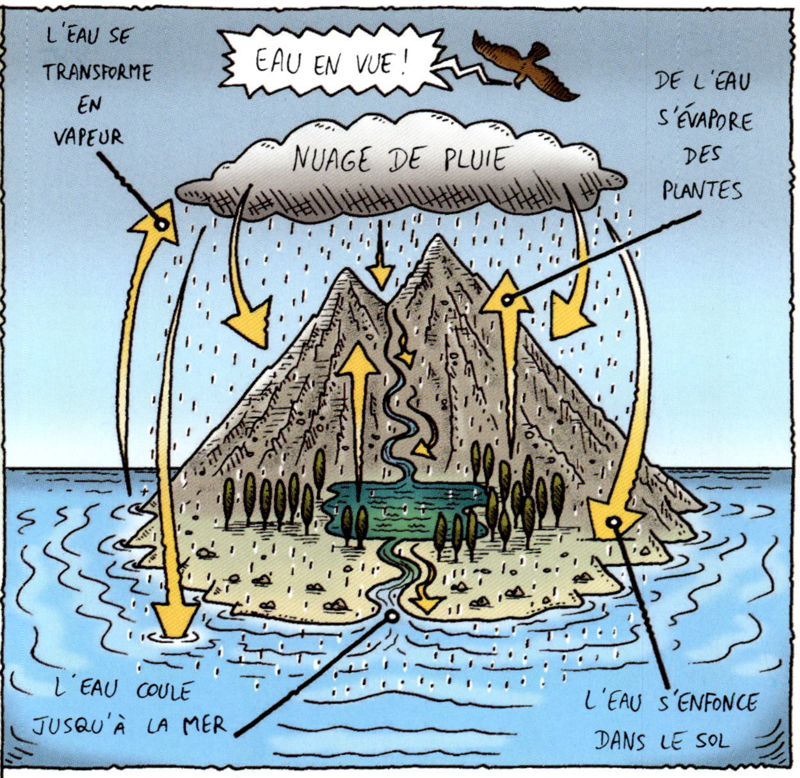

Réponses du deuxième round :

1. VRAI : Si de l'eau tombe sur les plantes, elle glisse de leurs feuilles en quelques heures. Si elle s'infiltre dans les rochers, elle y reste beaucoup plus longtemps que la durée d'un cours de science habituel.

2. VRAI : Tous les jours, il tombe assez d'eau sur la Terre pour offrir 900 bains à chacun de ses habitants. Je t'accorde qu'autant de bains te lessiveraient le cerveau.

3. FAUX : Les chutes rabotent les rochers de 1,1 m par an ! Cela veut dire que les chutes du Niagara n'existeront plus dans 25 000 ans car elles auront complètement raboté leur lit.

4. FAUX : Toute l'eau sur la Terre la rince depuis 3.8 milliards d'années (les savants pensent qu'elle y est arrivée sous forme de glace dans les comètes). Il est probable que l'eau que tu bois a été avalée par les dinosaures, recrachée par des grenouilles et urinée par des centaines de géns.

QUESTION SPÉCIALE BONUS

Le fond des océans est recouvert de BOURDE. Tu ne rirais pas si tu y étais pris, mais en changeant une lettre pour obtenir la bonne réponse, tu gagneras DEUX POINTS !

Réponse à la question bonus :

BOURBE : La vase du fond des océans est formée de plantes et d'animaux morts et son épaisseur augmente de six mètres chaque million d'années.

Voici ce que signifie ton résultat…

0–3 *Tu n'es pas d'ici, n'est-ce pas? Tu ne serais pas le bancalplouc mauve, par hasard ?*

4–7 *Tu as une bonne connaissance de ta planète, à ras du sol.*

8 et plus *Tu es au sommet! Félicitations! Tu feras un étonnant savant!*

COMMENT DÉTRUIRE LA TERRE (LE FILM)

Comment te sens-tu ? Serein, somnolent, sensible ? N'en prends pas trop à ton aise car, s'il faut en croire les films-catastrophes, la Terre pourrait exploser à tout moment, ou devenir une gigantesque boule de neige. Et je parie que cela pourrait te gâcher ta journée…

Hum… je me demande ce que les miniscientifiques pensent de ce danger…

Alors, devons-nous nous préparer au Grand Frisson ? Nous avons posé la question aux miniscientifiques…

FICHE DE SCIENCE SENSATIONNELLE
Nom : Les âges glaciaires

LES FAITS DE BASE :

- Au cours d'un âge glaciaire, une couche de glace de 3 km recouvre le nord de la terre. Ce n'est pas autant qu'il y a 750 millions d'années, mais tu ne sortirais pas de chez toi sans ta petite laine.
- Les âges glaciaires pourraient être déclenchés par de légers changements de l'orbite de la Terre autour du Solei qui réduiraient la quantité de Soleil que nous recevons. Lors d'un âge glaciaire, la glace s'accumule, reflétant plus encore la lumière du Soleil, et refroidissant encore la Terre.

LES DÉTAILS HORRIBLES :

Si toute la glace présente sur la Terre fondait demain, le niveau de la mer s'élèverait de la hauteur d'un immeuble de vingt étages ; Un peu de natation?

DEUX RAISONS POUR LESQUELLES TU NE DOIS PAS PANIQUER QUAND IL NEIGE

1. *Notre Terre est une immense chaudière. Dans ses profondeurs, de l'uranium radioactif libère de la chaleur qui est piégée sous la surface. Et il reste beaucoup de la chaleur accumulée lors de la formation de la Terre, quand des météorites géantes s'y écrasaient.*

2. *Tu te souviens comment Mélanie a déclenché une éruption volcanique pour sauver le monde ? Eh bien, les savants qui pensent que la Terre a été une gigantesque boule de neige pensent aussi que les volcans ont libéré assez de gaz carbonique pour piéger la chaleur et réchauffer de nouveau la planète.*

Eh bien, c'est parfait ! Donc, nous ne risquons pas d'exploser ou de geler bientôt ? Non, le vrai risque est que la Terre soit frappée par une météorite, comme cela fut le cas au moment de la disparition des dinosaures. Et il y a beaucoup de rochers errant dans l'espace qui tournoient dans le prochain chapitre, ainsi que des planètes putrides et un Soleil brûlant. Prêt pour le décollage ?

SAISISSANT SYSTÈME SOLAIRE

Une fois encore, ce chapitre est plus vaste que le précédent car nous partons pour le système solaire, formé par le Soleil et les planètes qui l'entourent. Et nous allons à la recherche d'une masse de surprenants secrets du système solaire. Tu en auras plein les yeux…

JUPITER (diamètre 143 000 km). Le grand J est si grand que toutes les autres planètes y tiendraient à l'aise, et il resterait encore pas mal de place. Ou, si tu préfères, tu pourrais y ranger 1 300 Terres (oui, mais où vas-tu trouver 1 299 autres Terres ?)

NEPTUNE (diamètre : 49 000 km) et **PLUTON** (diamètre : 2 400 km). L'orbite de Pluton croisant en fait celle de Neptune, chacune de ces deux planètes est alternativement la plus éloignée du Soleil. Si tu allais en avion vers Neptune, il te faudrait 289 années. Un vol vers Pluton prendrait 370 ans. Hum, j'espère qu'il y a de bons films à bord…

URANUS (diamètre : 52 000 km). À la différence de toutes les autres planètes, Uranus roule comme une boule de pétanque au lieu de tourner comme une toupie. Pas étonnant qu'elle soit toute bleue !

LA CEINTURE D'ASTEROÏDES. Elle est formée d'un milliard de blocs de roches, restes de la formation du système solaire dont la taille varie de quelques mètres à 941 km. Si l'un d'eux nous heurtait, ce serait notre écueil.

SATURNE (diamètre : 120 000 km). La flottante Saturne est essentiellement formée d'hydrogène et d'hélium. J'imagine que tu pourrais dessiner un visage dessus et en faire un immense ballon d'hélium.

LA CEINTURE DE KUIPER ET LE NUAGE DE OORT. Ils sont formés d'une quantité de débris glacés issus de la formation du système solaire. C'est un peu comme un chantier de construction spatial, mais tu n'y trouveras pas d'ouvriers extraterrestres prenant le thé.

Le savais-tu ?

***1.** Il y a une incroyable quantité de place dans le système solaire. Si la Terre avait la taille d'une bille, Mars aurait la taille d'un petit pois surgelé posé à 50 m. OH ! NON ! Monsieur Peluche vient juste de croquer Mars…*

***2.** Les plus rapides engins jamais construits par les hommes, les sondes spatiales* Voyager, *se déplacent à 56 000 km/h, mais elles ont mis 9 ans pour atteindre Uranus et 12 ans pour arriver à l'orbite de Pluton. De quoi t'enfler la tête !*

ET VOICI LE SOLEIL !

Nous avons décidé de construire un très joli Soleil tout neuf (complet, avec un système solaire) juste pour te montrer comment s'est formé l'ancien. C'est un projet d'un coût effarant, aussi tous les dons sont les bienvenus. Voici le projet…

PROJET DE NOUVEAU SOLEIL ET DE SON SYSTÈME SOLAIRE

1. Nous rassemblons un énorme – 24 milliards de km de diamètre – nuage tournoyant de gaz et de poussières et nous le soumettons au choc de l'explosion d'une étoile géante.
2. De minuscules grains de poussière commencent à se rassembler…
3. En 200 millions d'années, la gravité va écraser la matière au centre du tourbillon en une boule compacte qui sera le Soleil, et nous aurons même une charmante petite famille de planètes tournant autour de lui !

Coût estimé : 14 286 366 045 599,22 €

Brève note de l'auteur…

1. C'est ainsi que s'est formé le système solaire, il y a 4,6 milliards d'années.
2. En y réfléchissant, construire un nouveau Soleil n'est pas une idée si **BRILLANTE** que cela. C'est très cher et tu ne voudrais pas attendre 200 millions d'années avant de finir ce livre, non ?

Nous avons donc plutôt songé à envoyer les miniscientifiques et Monsieur Peluche examiner de près le Soleil aux rayons X.

HORRIBLE AVERTISSEMENT DE SANTÉ !

Tu es bien trop raisonnable pour regarder directement le Soleil ou pour essayer de le photographier, n'est-ce pas ? Simple vérification !

Brève note scientifique…
Le Soleil est une énorme boule brûlante d'hydrogène et d'hélium, un plasma (tu te souviens de ce mot, rencontré à la page 20 ?). Bonne lecture !

Les miniscientifiques dans le Soleil... c'est pas de la rigolade !

SIX SECRETS SENSATIONNELS SUR LE SOLEIL

1. *Au cœur du Soleil, la gravité écraserait cette feuille de papier sous un poids de 700 millions de tonnes. Imagine 175 millions d'hippopotames, les uns sur les autres sur cette feuille de TON LIVRE !*

2. *Imagine que tu aies une lampe solaire formée d'un morceau de Soleil de la taille de ce livre. La bonne nouvelle, c'est qu'elle éclairerait autant que mille ampoules de 60 W. La mauvaise nouvelle, c'est qu'elle émettrait aussi des rayons ultraviolets, des rayons X et des rayons gamma, et qu'elle te rôtirait en petits fragments croustillants…*

3. *Bizarrement, le Soleil n'est pas un radiateur très efficace : à poids égal, ton corps fabrique plus de chaleur que lui. La seule raison qui explique que le Soleil est beaucoup plus chaud que toi est qu'il est beaucoup plus gros.*

Le Soleil sera malgré tout beaucoup plus dangereux dans cinq milliards d'années. Il aura alors utilisé tout son hydrogène, son cœur s'effondrera et se réchauffera. BAOUM ! Les couches extérieures vont se dilater dans l'espace, en rôtissant la Terre en passant. Après un autre milliard d'années, le cœur explosera, en transformant notre planète en quelque chose qui ressemblera à l'un de ces désastres culinaires dont ton père a le secret.

Oh ! mais tu as tout le temps de finir ce livre !

VACANCES DANS LE SURPRENANT SYSTÈME SOLAIRE

Donc, tu as besoin de vacances pour récupérer de tous ces coups de soleil ? Eh ! mais c'est une bonne idée ! Pourquoi ne pas envisager un séjour reposant sur Mercure, Vénus, la Lune ou Mars ? Nous avons un catalogue et tous ces endroits sont idéaux pour des vacances exotiques... Bon, d'accord, j'ai menti !

VOUS VOULEZ PASSER UN SÉJOUR HORRIBLE ? NOUS POUVONS LE **PLAN(ÉTÉ)IFIER !**

LES VACANCES HORRIBLES PRÉSENTENT...

Un mois sur Mercure

- Un soleil éblouissant garanti !
- De l'hélium à volonté !
- Si vous avez trop chaud, rafraîchissez-vous la nuit !

Et en petits caractères...

1. La température est de 350 °C sur Vénus. C'est bien plus chaud que la plus haute température enregistrée sur la Terre. La nuit, il y fait beaucoup plus froid que sur une banquise. Brrr !
2. Il n'y a pas d'air, impossible de respirer. Pour remplir un petit ballon d'hélium, il vous faudra aspirer tout l'hélium dans un rayon de 3 km autour de vous.
3. Chaque journée et chaque nuit durent 29 jours terrestres, et vous avez donc tout le temps de brûler ou de geler à mort (à votre choix).

Vacances vénusiennes

Offrez-vous une escapade romantique sur Vénus. Cela vous fera fondre le coeur (et le reste !)...

- Accueil chaleureux garanti !
- Paysages à vous couper le souffle !
- Beaucoup d'atmosphère !
- Soirées excitantes !

Vous pourrez voir briller les rochers !

Et en petits caractères...

1. Accueil chaleureux, beaucoup d'atmosphère ? Peuh ! Vénus offre un intéressant choix de morts. Vous pouvez être :
   - brûlé vif par une température de 470 °C (Vénus est la plus chaude des planètes)
   - écrasé par la pression de l'atmosphère
   - suffoqué par son gaz carbonique
   - dissous par les nuages d'acide sulfurique
2. Bon, les paysages sont à couper le souffle. Le mont Maxwell dépasse de 2 km le mont Everest et de la neige métallique tombe sur ses pentes.

Clair de lune sur la Lune

Vous serez au septième ciel dans la Lune !

- Perdez immédiatement du poids ! Avec la faible gravité vous ne pèserez plus qu'un sixième de votre poids sur Terre.
- Clair de lune gratuit !
- Une merveilleuse vue sur la Terre, à vous couper le souffle !

Et en petits caractères...

1. Vous aurez de toute façon le souffle coupé : il n'y a pas d'air à respirer.
2. La température est de 110 °C dans la journée, et de - 170 °C la nuit.

La magique expérience martienne

Venez explorer la Planète Rouge !

- Appréciez un excitant concert de rock aux pôles, dans les brumes de glace sèche !
- Vous ne souffrirez pas de la chaleur !

Et en petits caractères...

1. La glace sèche est du gaz carbonique gelé, de la neige carbonique, et vous en trouverez aux pôles de Mars. D'accord, il n'y a pas de concert de rock, mais vous y verrez beaucoup de rocs.
2. Même les jours chauds, la température est glaciale : il peut faire – 100 °C la nuit.
3. L'atmosphère est trop ténue pour être respirable. De toute façon, c'est du gaz carbonique que vous ne pouvez pas respirer.

Au-delà de Mars, nous rencontrons la ceinture d'astéroïdes, mais faisons une pause dans notre lecture du catalogue de l'agence de voyages et jouons à un passionnant jeu vidéo. C'est un plaisir inoffensif, appelé…

LE SUPER-JEU MORTEL DE DESTRUCTION DE LA TERRE

Ta mission est de trouver lequel de ces huit astéroïdes va percuter la Terre. ATTENTION ! Il peut y en avoir plusieurs !

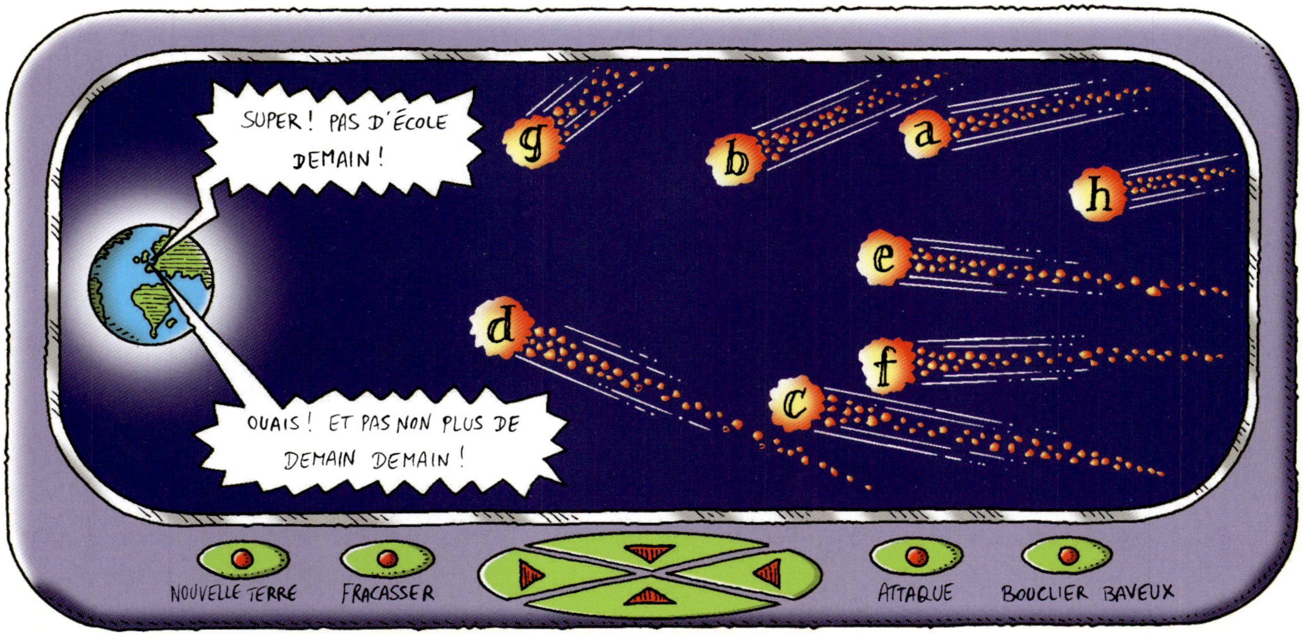

Réponse :
a), c) et h) N'aie pas trop peur des astéroïdes, cher lecteur. Tu as vu à la page 77 que l'espace est grand et qu'ils ont toute la place de nous rater !

ANGOISSANTES PLANÈTES EXTÉRIEURES

Au-delà de Mars, les planètes sont plus grosses et plus froides. Nous n'avons pas trouvé de brochure à leur sujet, car personne ne souhaite y aller. À la place, nous avons décidé de jouer à un nouveau jeu de « Questions pour un champion ».

Description A
Cette planète est essentiellement formée d'hydrogène et d'hélium, et elle est si légère qu'elle flotterait sur l'eau. Elle n'a pas de surface solide et les vents y tourbillonnent jusqu'à 1 770 km/h. Elle est entourée d'anneaux de glace et de rochers. Aïe! quels indices!

Description B
Cette planète est rocheuse et plus petite que Mercure, mais il faudrait quand même une année pour en faire le tour. Remarque, il n'y a pas grand-chose à voir et il y fait f-f-froid (– 200°C environ) aussi mieux vaudrait que tu emportes ton écharpe !

*C'EST QUOI CE BRUIT ?

Description C

Je parle d'une grande planète gonflée et formée d'hydrogène, une planète qui tourne à 45 500 km/h, assez vite pour déclencher des tempêtes terribles dans son atroce atmosphère. Un ouragan immense ressemble à une grande tache rouge.

Description D

Tu n'y verras que du bleu dans cette fantomatique planète gazeuse ! Les savants y ont découvert en 1989 une tempête y faisant rage à 1000 km/h. Ils l'ont baptisée Scooter, mais je parie qu'il te faudra bien plus qu'un scooter pour y échapper !

Description E

L'été dure 21 ans sur cette planète, et le Soleil ne se couche jamais pendant tout ce temps : il semble monter et descendre dans le ciel comme un yo-yo. La mauvaise nouvelle est que l'hiver, lui aussi, dure 21 ans.

Réponses :

1 E : Uranus. Le Soleil qui joue les yo-yo et les longs étés et hivers sont dus à la manière dont la planète tournoie dans l'espace.
2 A : Saturne. C'était facile, non?
3 D : Neptune
4 B : Pluton
5 C : Jupiter. La « tache » n'était pas ardue.

Eh bien, je pense que nous voici arrivés au bout du système solaire, mais il est temps de dire un mot de remerciement au premier savant cerveau à avoir examiné le système solaire à travers un télescope…

Dès que Galilée observa la nuit au travers d'une lunette, tout juste inventée, il découvrit des scènes extraordinaires. Il fut le premier à voir les quatre plus gros satellites de Jupiter, les anneaux de Saturne et les montagnes de la Lune.

Il écrivit un livre qui eut un immense succès, mais tout alla ensuite de travers. Il annonça que les planètes tournaient autour du Soleil alors que l'Église enseignait que les planètes et le Soleil tournaient autour de la Terre. Quand il voulut écrire sur la question, il fut placé en résidence surveillée pour le reste de sa vie. Dangereux, ces télescopes…

Mais bien moins dangereux que l'incroyable univers qui se trouve au-delà du système solaire. Et c'est là que nous allons maintenant ! Attends un instant, nous venons de recevoir un message d'un endroit éloigné du prochain chapitre…

L'INCROYABLE UNIVERS

Notre classement par taille croissante arrive à ce terrible dernier chapitre où la science est aussi GRANDE qu'il est possible. Prépare-toi à être sérieusement surpris par la simple saisissante taille de l'Univers... qui ne cesse de grandir encore !

L'HISTOIRE DE L'UNIVERS – JUSQU'À MAINTENANT

L'Univers naquit il y a bien, bien longtemps. Il grandit, et grandit et grandit. Et en grandissant, il se refroidit. Après quelque 400 000 ans, les électrons s'associèrent aux protons pour former des atomes, et la lumière brilla entre les atomes. Le big bang était passé, mais il avait laissé son empreinte. Il y avait un peu plus de matière et de chaleur à certains endroits de l'Univers qu'à d'autres. La gravité commença à attirer toute cette matière pour en faire les premières étoiles. Les savants pensent que cela prit un demi milliard d'années environ.

Le savais-tu ?
Depuis le big bang, l'Univers a grandi presque à la vitesse de la lumière (300 000 km/s). Cela veut dire qu'il est de deux milliards de kilomètres plus grand que lorsque tu a commencé ce livre.

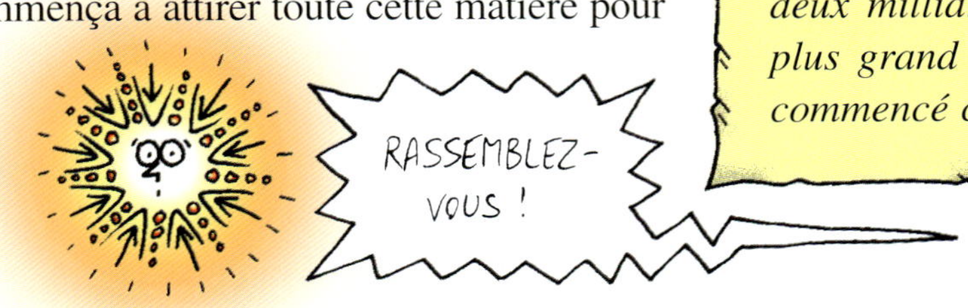

Et maintenant, continue à lire, car il est temps de rencontrer un nouveau brillant savant cerveau à la grosse tête, qui fut aussi un effroyable menteur. Tu es prévenu !

Edwin Hubble était grand et fort et d'aspect avenant. Il adorait aussi raconter des mensonges gros comme des planètes. Par exemple...

Même après que Hubble fut devenu fantastiquement célèbre pour ses découvertes scientifiques, il continua à raconter des histoires. Et quand il mourut, sa veuve cacha son corps et refusa de révéler où il se trouvait. À moins que ce ne soit encore une invention de Hubble ?

Heureusement, Hubble disait la VÉRITÉ quand il parlait de science…

MES DEUX GRANDES DÉCOUVERTES par Edwin Hubble

1 J'ai comparé la brillance des étoiles. Les étoiles plus faibles étaient plus lointaines, et elles se révélèrent bien plus éloignées que tout le monde le pensait. L'Univers est BEAUCOUP plus grand qu'on l'imaginait !

2 J'ai étudié la couleur des galaxies distantes. Elles semblent rougies à cause de la dilatation de la lumière quand les galaxies s'éloignent. Si elles s'éloignent les unes des autres, l'Univers devient de plus en plus grand !

Quizz : la taille étonnante de l'Univers

Pourrais-tu être un savant sagace comme Hubble ? Pour le savoir, calcule la taille de l'Univers. Pour jouer, tu dois juste répondre PLUS PETIT, BONNE RÉPONSE et PLUS GRAND aux questions suivantes…

1. Si la Terre et le Soleil étaient à 5 cm l'un de l'autre, la plus proche étoile, Proxima du Centaure, serait à 120 km de distance.

2. Proxima du Centaure est si lointaine qu'il faudrait 520 ans pour y aller en voiture.

3. Notre galaxie, la Voie lactée, a tant d'étoiles qu'il faudrait 60 ans pour les compter toutes.

4. Elle est si grande qu'il faudrait 200 ans pour envoyer un signal à une planète située de l'autre côté et recevoir une réponse.

Une **année lumière** est la distance parcourue par la lumière pendant un an.
Une année lumière = 9,46 millions de millions de kilomètres (à quelques mètres près).

Une **galaxie** est un amas géant d'étoiles.

Réponses :

1. PLUS GRAND : Elle serait à 13 000 km.

2. PLUS GRAND : Il faudrait en réalité 52 millions d'années en roulant continuellement à 90 km/h. Espérons qu'il y a des toilettes en chemin !

3. PLUS GRAND : Il faudrait 6 000 ans pour compter les 200 000 milliards d'étoiles.

4. PLUS GRAND : La Voie lactée a un diamètre de 100 000 années-lumière. En supposant que tu disposes d'un laser, tu aurais une réponse dans 200 000 ans, en supposant que la planète visée soit occupée par des extraterrestres.

L'Univers est donc plutôt grand. Mais ce n'est qu'un début. Il y a plus de 140 milliards de galaxies autour de nous et beaucoup sont plus GROSSES que la Voie lactée. C'est bon, tu peux reprendre ton souffle.

COMMENT DEVENIR UN ASTRONAUTE DE PREMIERE CLASSE EN CINQ LEÇONS

Donc tu veux explorer l'immensité à couper le souffle de cet univers ? Super ! tu es à la bonne page ! Pourquoi ne rejoindrais-tu pas les miniscientifiques dans notre école d'astronautes ?

L'ÉCOLE D'ASTRONAUTE DE L'HORRIBLE SCIENCE

Leçon 1 : Piloter une fusée, ce n'est pas de la fuséologie

Tout ce que tu as à faire, c'est à mettre le moteur en route…

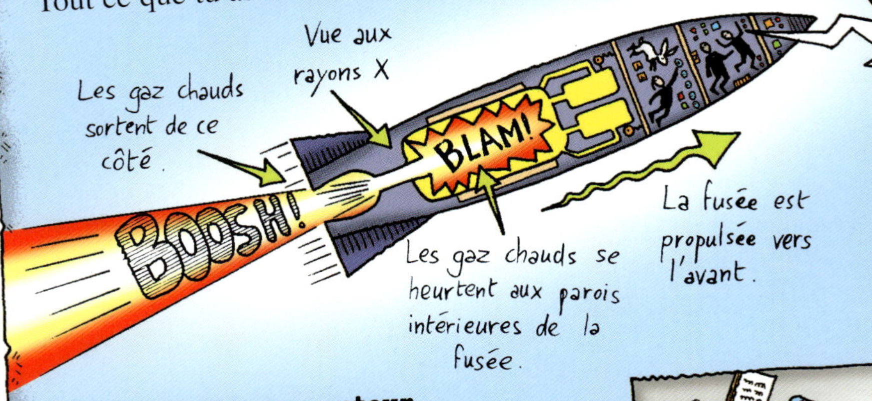

Ta fusée n'a ni freins ni volant. Pour changer de direction, il faut que tu allumes une fusée dans la direction opposée à celle où tu veux aller.

Leçon 2 : En apesanteur

Loin de la gravité de la Terre, ton corps n'a plus de poids. Et cela est vrai de toutes les parties de ton corps, y compris de ta nourriture à moitié digérée et de ton sang. Tu vas sans doute remarquer quelques changements inhabituels quand les fluides corporels flotteront…

Leçon 3 : Respire un peu

Il n'y a pas d'air dans l'espace. Cela peut être un problème car ton vaisseau spatial peut franchement puer, surtout si un de tes compagnons s'est empiffré de haricots. Si tu as mal à la tête, que tu étouffes et que tu te sens mal, cela peut être dû aux odeurs, ou bien à l'augmentation dangereuse de la quantité de gaz carbonique à cause de ta respiration. Utilise des sels de lithium pour absorber le gaz carbonique. Mais rappelle-toi qu'il y a une chose à ne faire sous AUCUN prétexte…

Leçon 4 – Vivre en apesanteur

L'apesanteur a ses bons et ses mauvais côtés…

• LE BON CÔTÉ : Tu peux exécuter de remarquables pirouettes et acrobaties, et jouer à d'étranges jeux la tête en bas ou aux fléchettes lentes.

• LE MAUVAIS CÔTÉ : Ton cerveau est en pleine confusion parce qu'il n'arrive pas à savoir dans quelle direction est le haut. Tu as le vertige, tu transpires et tu as des nausées.

• Il est si facile de flotter que tes muscles et tes os n'ont guère de travail à faire. Ils commencent à disparaître et tu dois faire deux heures de gymnastique par jour pour conserver leur force.

• Tout liquide qui se renverse forme des globules ronds qui flottent à l'intérieur de ton vaisseau spatial. Mieux vaut ne pas imaginer un incident dans les toilettes.

Leçon 5 : Le retour est difficile

Tôt ou tard, tu voudras revenir chez toi. Après tout, flotter à l'intérieur d'une boîte métallique n'a qu'un temps. Mais le retour sur la Terre est en réalité le moment le plus dangereux de la mission… Quand ton vaisseau rentrera dans l'atmosphère, il sera si rapide que les molécules d'air ne pourront pas s'en écarter. Elles s'accumuleront devant le vaisseau et leur frottement le chauffera : il pourra même brûler. Normalement, les boucliers thermiques du vaisseau devraient te protéger. Sinon, ta dinde est cuite, et le reste aussi ! Tu veux toujours être astronaute ?

Le savais-tu ?

En 1963, l'astronaute Gordon Cooper effectua 22 fois le tour de la Terre dans son vaisseau. Une partie de sa mission consistait à prendre un échantillon de son urine pour des tests. Malheureusement l'urine s'échappa et se mit à flotter dans le petit vaisseau malodorant.

BIENVENUE À LA COMPÉTITION ASTRONOMIQUE DE LA SCIENCE HORRIBLE « IDENTIFIE CETTE ÉTOILE » !

Voici une chance pour toi de démontrer que tu sais distinguer le petit bout du gros bout de la lorgnette !

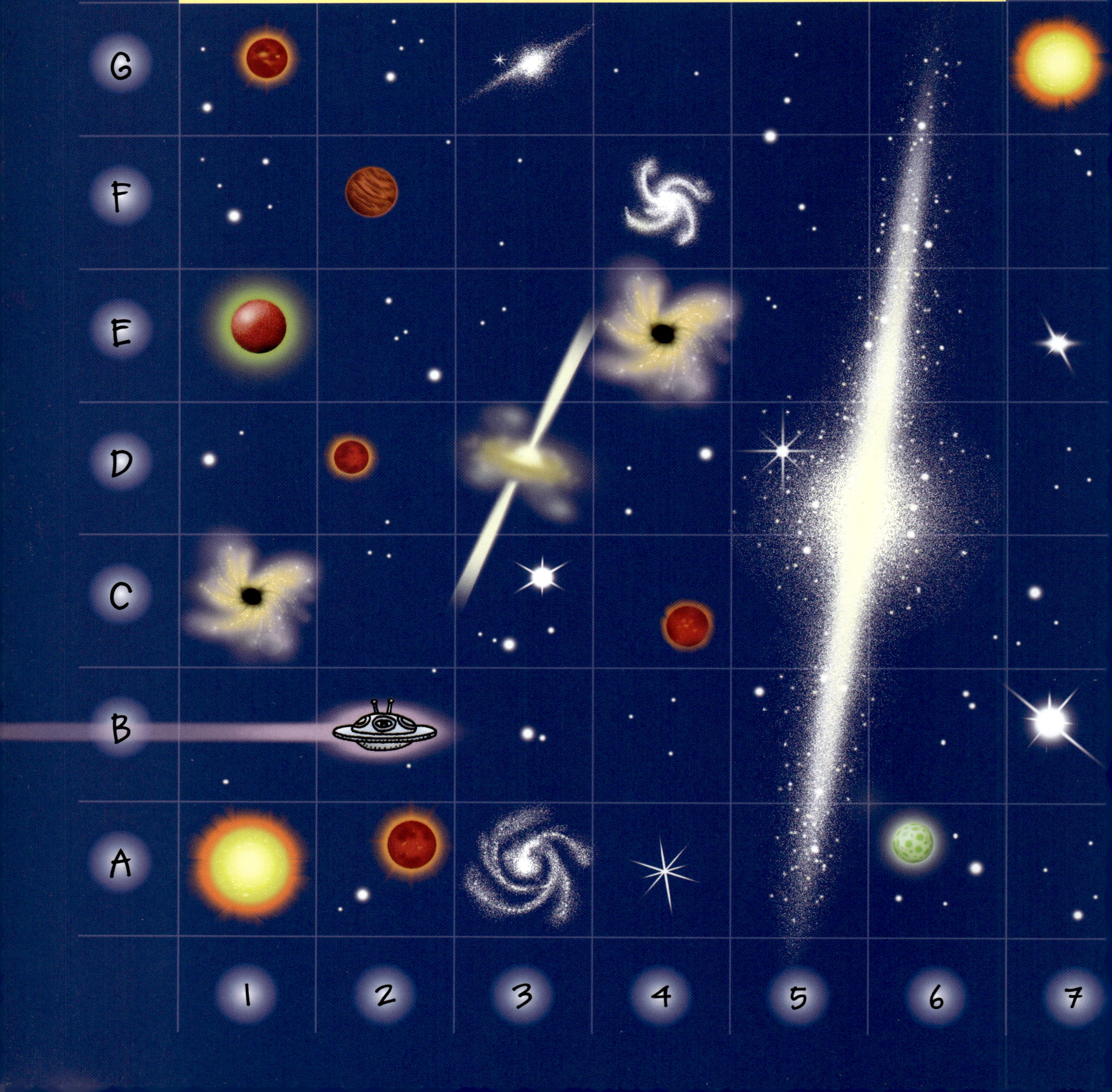

Comment jouer ?

1. Étudie ci-dessous le guide d'identification de l'espace.
2. Repère sur le dessin les objets de la liste et note soigneusement leur coordonnées (par exemple, il y a une géante rouge dans le carré A1).
ATTENTION : IL PEUT Y EN AVOIR PLUSIEURS POUR CHAQUE OBJET !
3. Vérifie tes réponses, et BONNE CHANCE !

GUIDE D'IDENTIFICATION

1. Géante rouge
Non, nous ne sommes pas au pays des contes de fées. Une géante rouge, c'est ce qui arrive quand une étoile comme le Soleil arrive à court d'hydrogène (va à la page 79 pour une brève révision).

2. Naine blanche
Ce qui reste après qu'une géante rouge a « soufflé » ses couches externes. C'est ce qui attend notre pauvre Soleil.

3. Naine rouge
Petite étoile faiblement lumineuse, mesurant à peine le dixième de la taille du Soleil. Proxima du Centaure en est une et c'est pourquoi cela ne vaut pas la peine de faire un bout de route de 52 millions d'années pour y aller.

4. Naine brune
Une étoile manquée qui n'a jamais été assez grosse pour briller. Elle passe sans doute ses journées à se plaindre de son sort.

5. Supernova
Une étoile géante qui explose avec l'énergie de mille milliards de bombes nucléaires. Si l'une explosait à moins de 33 années-lumière de nous, nous serions rôtis par les rayons X et gammas comme la momie de la page 19. Mais pas de panique ! Nous ne sommes pas aussi près de l'un de ces dangereux terroristes !

6. Étoile à neutrons
Après l'explosion d'une supernova, ce qui reste de l'étoile géante se contracte sous l'effet de sa propre gravité jusqu'à se réduire à la taille d'une grande ville. La gravité gigantesque d'une étoile à neutrons signifie que le protiste visqueux de la page 29 pèserait autant que deux paquebots. Imagine-toi avec ça dans la bouche.

7. Trou noir
Une étoile dix fois plus massive que le Soleil ne finit pas sa vie comme étoile à neutrons. Son énorme gravité creuse un trou dans l'univers. Cet horrible trou est noir car même la lumière ne peut s'en échapper. Aussi, tout y est avalé : planètes, étoiles, lunes, astéroïdes et même les haricots des astronautes.

8. Quasar
Les galaxies se forment autour d'immenses trous noirs qui aspirent les étoiles en une succion démesurée. En tourbillonnant vers le trou noir, la matière s'échauffe et de violentes explosions en résultent. C'est un quasar, mais tes jeunes jambes ne vont pas se transformer en gelée : le quasar le plus proche est à des milliards d'années-lumière de nous.

9. Galaxie
Certaines galaxies ont la forme de spirales, d'autres ressemblent à des soucoupes volantes. Combien en vois-tu de chaque type ?

10. La voie lactée
Notre galaxie locale, si familière, a la forme d'une spirale mais la région où il y a le plus d'étoiles ressemble à une immense traînée parce que nous la voyons de côté. Nous sommes à 25 000 années-lumières du trou noir qui se tapit probablement au centre.

11. La galaxie d'Andromède
Cette galaxie spirale se trouve à deux millions d'années-lumière, mais elle se dirige vers nous. Pendant le temps que tu as mis pour lire ceci, elle s'est rapprochée de 1 000 km. NE HURLE PAS ! Elle ne va pas nous heurter avant cinq milliards d'années, et quand cela arrivera la plupart des étoiles se croiseront simplement (l'espace est assez grand pour que les collisions soient évitées).

12. Planètes extrasolaires
Les planètes sont peut-être nombreuses dans la Voie lactée, mais il n'y a aucune preuve que des extraterrestres y vivent. Selon une estimation vague, les planètes hébergeant une vie intelligente sont peut-être à 200 années-lumière les unes des autres, aussi est-il peu probable qu'un extraterrestre débarque prendre un café… Au fait, as-tu identifié le bancalplouc mauve dans l'immensité de l'espace ?

Réponses :
1. A1, G7.
2. B7, C3, E7.
3. A2, C4, D2, G1.
4. F2.
5. B10.
6. A4, E10.
7. C1, D10, E4, H9.
8. D3.
9. A3, E9, F4, F10, G3, G10 (il y en 3 de chaque type).
10. La bande allant de A5 à G6.
11. C9.
12. A6, E1, F8. Le bancalplouc mauve est en B2.

LA FIN DE TOUT

Et c'est maintenant l'heure d'un terrible voyage temporel, sans arrêt toilettes... Pour leur dernière mission, les miniscientifiques vont visiter l'Univers tel qu'il sera dans cent mille milliards d'années. Il sera alors tellement incroyablement gigantesque que je ne peux même pas commencer à te dire à quel point il sera grand.

Les miniscientifiques dans ... un futur dilaté

Eh bien nous voici dans le futur, mais où sont les étoiles ? Il fait très sombre et très froid. L'Univers est si grand que la gravité ne peut rassembler assez de matière pour former de nouvelles étoiles. En fait, presque toute la matière a déjà été avalée par des trous noirs.

L'avenir de l'Univers est donc sombre et inquiétant. Dans ce futur lointain et glacé, la seule lumière viendra de faibles étoiles naines rougeoyant comme des braises refroidies. Imagine une coupure de courant qui dure éternellement. Que dis-tu ? Tu veux stocker des piles électriques pour ta lampe ? Rassure-toi ce n'est pas pour demain !

DERNIÈRE MINUTE
Nous interrompons ce livre pour te donner une nouvelle importante à propos du futur de l'Univers. C'EST OFFICIEL : au cours des derniers milliards d'années, l'expansion de l'univers s'est accélérée.

CHRONIQUES COSMIQUES

GAGNEZ UNE PLANÈTE

L'UNIVERS GRANDIT TOUJOURS PLUS VITE !

AUSSI DANS CE NUMÉRO...

L'UNIVERS : PLUS GRAND OU MEILLEUR ?

LES PROGRAMMES DE TÉLÉ EXTRATERRESTRES

Maintenant plus grand que jamais !

Les savants admettent que le cosmos grandit plus vite. Cela est dû à une force mystérieuse appelée « énergie noire » qui fait pression sur le tissu de l'espace. Nous avons questionné un savant à ce sujet mais, après avoir écrit des tas d'équations au tableau, il a fini par admettre que les savants étaient dans le noir.

Note de l'éditeur :
Eh bien, nous avons peut-être l'usage d'un peu plus d'espace. Où ai-je laissé les clés de mon vaisseau spatial ?

Hum… je me demande à quoi ressemblera la vie dans un futur lointain ? Pour le savoir, je viens d'inventer le genre de créature dans laquelle nous pourrions évoluer. Je te présente Conserve le robot…

L'INTERVIEW DE L'HORRIBLE SCIENCE

Histoire de Conserve

Conserve est adapté à la vie dans un univers presque sans énergie.

Conserve se branche sur d'immenses panneaux solaires pour collecter dans la lumière des étoiles une énergie sans cesse en diminution. Il fabrique sa nourriture à partir de la lumière, comme les plantes.

Mouvements lents, pour économiser l'energie.

Horrible Science : Alors, à quoi ressemble la vie dans le futur lointain?
(100 ans se passent avant que Conserve ait assez d'énergie pour nous répondre.)

Conserve : Heu… quelle etait dejà la question ? Ah ! oui ! je me souviens… C'est incroyablement ennuyeux. Il fait froid, il fait sombre et il ne se passe pas grand-chose. J'ai bien eu raison d'éteindre ma batterie. La chose la plus excitante qui me soit arrivée, c'est un début de rouille, mais c'était il y a plus d'un million d'années. (Soupir.)

Horrible Science : Pourquoi ne lirais-tu pas ce livre pour t'amuser un peu?

Bien entendu, il n'est pas sûr que les humains évolueront pour devenir comme Conserve. Et nous ne pouvons pas savoir ce que le futur a en réserve dans notre Univers en expansion perpétuelle. Mais tu peux être sûr que les savants ne cesseront pas de vouloir en savoir plus. Après tout, les savants veulent toujours en savoir plus sur tout. En ce moment ils observent les galaxies, les étoiles et les trous noirs, ils cherchent de nouvelles planètes et de la vie extraterrestre. Et ils creusent le sol pour trouver des os de dinosaures, ils tentent de découvrir les secrets du corps humain, des microbes, des molécules, des atomes et de l'instant même du big bang. Et les réponses sont là – euh… quelque part !

ÉPILOGUE: QUESTION DE TAILLE

Tu es donc arrivé au bout de la Science Horrible, la sensationnelle science de tout ? Et tu as lu chaque mot de chaque page ? FÉLICITATIONS ! Tu as bien mérité ce certificat !

Le voyage a été long depuis le minuscule big bang jusqu'à cet au-revoir dans un immense Univers, en passant par une science à une échelle de plus en plus grande. Mais nous pouvons maintenant nous détendre avec une bouteille de jus d'orange ! Nous pouvons apprécier ce vaste tableau de tout de ce qui existe sur la page suivante. Ce chef-d'œuvre de notre artiste résume la totalité de la Science Horrible. Un million de mercis, Tony !

Whaouh ! regarde toute cette science ! Mais il y a plus : vois-tu comme tout est une partie de quelque chose de plus grand ?

- Les atomes constituent des molécules.
- Les molécules constituent des microbes et des cellules.
- Les cellules TE constituent !
- Toi et moi, et tous les animaux et les plantes constituent la vie grouillante de la planète Terre.
- La Terre et toutes les autres planètes et étoiles font partie d'un univers inimaginablement GRAND…

Et plus encore : il s'avère que les petites choses sont vitales pour les grandes…

- Sans les atomes et les quarks, toi et moi – et tout le reste de l'Univers – n'existerions pas.
- Sans atomes à broyer ni lumière à émettre, les étoiles n'existeraient pas.
- Sans électrons minuscules à percevoir grâce à son nez sensible, l'échidné ne trouverait aucune larve d'insecte pour son déjeuner.
- Les herbivores devraient dire MERCI aux bactéries qui les aident à digérer leur nourriture.
- Les insectes eux-mêmes ont leur importance. Où en seraient les buffles sans bousiers pour enterrer leurs bouses ? Dedans jusqu'aux genoux, oui !
- L'ADN indique à ton corps comment fabriquer un nouveau toi.
- Plus ennuyeux, les microbes peuvent tuer des gens.

As-tu repéré tous les atomes de francium ? Ils sont apparus sur les pages 18, 20, 27, 34, 38, 42, 47, 50, 54, 58, 61, 63, 68, 72, 74, 77, 82, 85 et 90.

Il y a un message moral, et c'est le suivant : aussi petit et timide que soit une chose, aussi faible et minuscule qu'elle soit, elle est vitale. Si tu regardes de près, tout est relié en un unique immense, étonnant et grandissant univers. Et c'est l'étonnante vérité !

ÉTONNANTE CHRONOLOGIE

Il y a 13,7 milliards d'années
Le big bang démarre l'Univers et les événements les plus passionnants se déroulent pendant la première seconde. Après, cela ne cessera de décliner.

Dix minutes plus tard
Toute la matière de l'Univers est formée. Si tu veux savoir de quoi il est question, tu as la réponse !

Il y a 13,4 milliards d'années
Tous les atomes d'hydrogène et la plupart des atomes d'hélium sont formés. La vie est si vaporeuse alors !

Il y a 12,5 milliards d'années
Les galaxies se forment dans le nouvel espace aéré, les quasars explosent les cœurs brûlants des nouvelles galaxies. C'est le temps des haut-le-cœur des quasars déments…

Il y a 4,6 milliards d'années
Le Soleil et les planètes se forment à partir de gaz et de poussières. Heureusement pour nous, tout finit par se regrouper à la fin.

Il y a 4 milliards d'années
La Terre se fait cogner par une planète de la taille de Mars. Un gros morceau de roc en fusion est éjecté dans l'espace et devient la Lune. Le plus gros choc de l'histoire du roc(k and roll) !

Il y a 100 000 ans
Plusieurs espèces plus tard, des singes debout évoluent en très sages humains (ce qui est étrange puisque beaucoup d'entre nous ne se comportent pas de manière très sage). Oh ! voici quelques savants étonnamment sages !
MERCI !
IL PARLE DE NOUS, PAS DE TOI !
1609 – un savant italien
Galileo Galilei est la première personne à espionner le système solaire au moyen d'un télescope.
CIEL !
1687
Isaac Newton publie ses travaux sur la gravité.
CLONK !
JE SUIS INTELLIGENT JUSQU'AU TROGNON !
1858
Charles Darwin annonce ses idées sur l'évolution.
NE FAIS PAS LE SINGE !
GRRR !
1905 et 1915
Albert Einstein donne un nouveau sens à l'espace et au temps, à l'énergie et à la matière. Quel brillant cerveau !
EN TOUT CAS, CELA A UN SENS POUR MOI !
1923 et 1929
Edwin Hubble a de grandes idées sur l'Univers.
ET TOUT EST VRAI. HONNÊTEMENT.
VRAI
FAUX
DÉTECTEUR de MENSONGE

Il y a 290 millions d'années

Des reptiles sans pitié dominent le monde. Ils sont très laids et certains sont couverts de poils. Ce sont tes ancêtres !

Il y a 230 millions d'années

Les terribles dinosaures dînent de reptiles jusqu'à ce que la plupart disparaissent. Les premiers mammifères se cachent.

Il y a 65 millions d'années

Le jour J des dinosaures, jour de désastre, de destruction, de désolation, de disparition.

Il y a 55 millions d'années

Après des millions d'années de vie au ralenti, les mammifères prennent le dessus. Le temps des poils longs commence.

il y a 7 millions d'années

Un singe debout en Afrique commence à avoir de grandes idées. Dis bonjour à ton arrière-grand-mère…

Il y a 1,64 millions d'années

L'âge glaciaire commence, et il dure encore. Il doit faire froid avant l'invention des vêtements…

Il y a 4 milliards d'années
Les premières formes de vie visqueuse viennent au jour dans la mer. À peine une goutte d'eau dans l'océan !
GRRR ! QUI TU TRAITES DE VISQUEUX, LÀ ?.
Il y a 750 millions d'années
La Terre devient une boule de glace géante. Ou peut-être pas ? En tout cas, cela fait froid dans le dos !
BRRRR !
Il y a 520 millions d'années
Des créatures en forme d'anguille sont les premières à posséder une colonne vertébrale. Je parie qu'elles ont eu mal au dos et qu'elles se sentent toutes tordues.
MAIS NOUS ALLONS TRÈS BIEN !
Il y a 450 millions d'années
Plantes et arthropodes envahissent la terre ferme. Et aujourd'hui encore, personne ne sait comment s'en débarrasser.
UNE VRAIE VERMINE !
Il y a 370 millions d'années
Les poissons grimpent sur la terre ferme et deviennent des amphibiens. Le monde est soudain dominé par des grenouilles géantes et agressives.
COAAAA !
AAH !
Il y a 350 millions d'années
Des mille-pattes énormes rampent partout. Certains dépassent les 2 m de long.
CARAPATONS-NOUS !

Aujourd'hui
Les savants cherchent des solutions à quelques sensationnels secrets scientifiques…
COMMENT LA VIE A-T-ELLE COMMENCÉ ?
POURQUOI BAILLONS-NOUS ?
VAIS-JE MANGER CETTE CAROTTE ?
QUELLE EST LA CAUSE DU BIG-BANG ET COMMENT FONCTIONNE LA GRAVITÉ ?
Dans 16 000 ans
Prochain âge glaciaire ? Mais les écoles vont-elles fermer ?
?
QUELLE IMPORTANCE ? JE NE SERAI PLUS LÀ.
Dans 5 milliards d'années
La galaxie d'Andromède ne fait que passer.
M'MAN, QU'EST-CE QUI SE PASSE DEHORS ?
Dans 6 milliards d'années
Le Soleil englobe la Terre. Mais ne t'inquiète pas, ce n'est pas la fin du monde ! Hum… en fait, si !
ARG !
HIII !
À L'AIDE !
Dans 100 000 milliards d'années
L'univers dit son long au-revoir. Mais y a-t-il encore quelqu'un pour le voir ?
POP !
SNOBBLE FLARK !*
*JUSTE MOI !